この本の使い方〈基本〉

 ①指さしながら発音する

 ②言葉を組み合わせる

話したい部分を話し相手に見せながら発音します。相手は文字と発音を確認できるので確実に通じます。

2つの言葉を順番に指さしながら発音することで、文章を作ることができます。わかりやすいようにゆっくり指さしましょう。

 ③発音は大きな声で

 ④相手にも指さしてもらう

発音せずに指さすだけでも通じるのは確かですが「話したい」という姿勢を見せるためにも発音することは重要です。だんだん正しい発音に近づきます。

…がら話して…んで、その…えば、この本の…ます。

⑤自然と言葉を覚えられる

指さしながら、発音し、相手の発音を聞く。これをくり返すうちに、だんだん言葉を覚えていきます。上海での会話のコツを知りたくなったら81ページからの文章が、難しい言葉は巻末の単語集がフォローしています。

あいさつ｜移動｜時間・数字｜買物・観光｜食事｜文化｜人間関係｜トラブル｜その他

旅の指さし会話帳
㊲
上海
広岡今日子・著

目次

上海のみなさんへ 6

第1部
「旅の指さし会話帳」本編 7

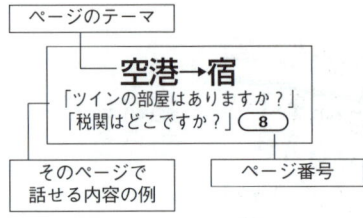

- ページのテーマ
- 空港→宿
- 「ツインの部屋はありますか？」
- 「税関はどこですか？」 8
- そのページで話せる内容の例
- ページ番号

第2部
上海で
楽しく会話するために 81

第3部
日本語→中国語
単語集 93

第4部
日本語→上海語
単語集 121

あとがき 125

空港→宿
「ツインの部屋はありますか？」
「税関はどこですか？」 8

あいさつ
「こんにちは」「ありがとう」
「お久しぶりです」 10

街を歩く
「ここからは遠いですか？」
「食事に行きたい」 16

乗り物
「私はタクシーで行きます」
「〜まで行って下さい」 18

時間と時計
「〜時に起こしてください」
「今何時ですか？」 26

月日と年月
「いつ上海に来ましたか？」
「今日は何曜日ですか」 28

買い物
「あれを見せて下さい」
「Mサイズはありますか？」 34

市場で
「全部でいくらですか？」
「これは本物ですか？」 36

食事
「ご飯は食べた？」
「お味はいかが？」 40

おもな料理・家庭料理
「上海の家庭料理」
「軽食店」「麺」 42

若者文化
「好きなスターは誰ですか？」
「チャン・ツーイー」 50

伝統文化
「海派文化」「昆劇」
「租界」「日本人居留区」 52

家族・友だち
「あなたに恋人はいますか？」
「父・母・兄・妹」 58

家
「テラスハウス」「横町」
「居間」「台所」「寝室」 60

病気・からだ
「病院に連れて行ってください」
「お腹が痛いです」 64

病院・内臓
「アレルギー体質です」
「薬局」「救急車」「薬」 66

日用品
「スーパーマーケット」
「百貨商店」「郵便局」 72

十二支・生き物
「あなたはなに年ですか？」
「動物」「鳥」「魚」「虫」 74

話し相手用「中国語目次」→ 128 ページ

呼びかけ	自己紹介	← 着いたときからすぐ使える
「すみません」「待ってください」 12	「私の名前はトモオです」「私は日本人です」 14	

近郊へ行く	上海	蘇州・水郷	街あるき・移動も思いのまま ←
「ここの名物料理はなんですか」「日帰りで来ました」 20	「共同租界」「フランス租界」「骨とう市場」「豫園」 22	「東洋のベニス」「蘇州美人」「入村料」「遊覧船」 24	

一年と天気	数字とお金	昨日のことも来年のことも話せる
「旧正月」「建国記念日」「バレンタインデー」 30	「1・10・100・1000」「人民元」「日本円」 32	

服と色	← 好みに合わせた買い物ができる
「チャイナドレスを作る」「試着できますか？」 38	

お酒	飲み物・デザート	食材	上海と食から仲良くなる ←
「お酒は飲めますか？」「バー」「酒のさかな」 44	「中国茶」「ソフトドリンク」「デザート・お菓子」 46	「豚肉」「タウナギ」「トウミョウ」「食材の自由市場」 48	

日本の文化	経済・ビジネス会話	お互いの文化について知り合える
「歌舞伎を知っていますか？」「宇多田ヒカル」「金城武」 54	「高度成長」「バブル経済」「株」「不動産」「貿易」 56	

人の性格	← より深い会話ができる
「あなたはとてもやさしい」「私はとてもうれしい」 62	

漢方医	トラブル	← トラブルを解決できる
「漢方薬」「あんま」「針」「医食同源」 68	「お金が盗まれました」「警察に連絡して下さい」 70	

さらに奥行きのある会話ができる

動詞・疑問詞・他	形容詞	住所を尋ねる
「いつ」「なに」「なぜ」「語気助詞」 76	「大きい」「小さい」「珍しい」「とっても」「少し」 78	「あなたに手紙を送ります」「ここに書いて下さい」 80

あいさつ｜移動｜時間・数字｜買物・観光｜食事｜文化｜人間関係｜トラブル｜その他

仲良くなった人との「住所交換ページ」→ 80 ページ

この本のしくみ

第1部：指さして使う部分です

7ページから始まる第1部「本編」は会話の状況別に37に分けられています。指さして使うのはこの部分です。

イラストは実際の会話中に威力を発揮します

あわてている場面でもすぐに言葉が目に入る、会話の相手に興味を持ってもらう、この2つの目的でイラストを入れてあります。使い始めるとその効果がわかります。

インデックスでページを探す

2～3ページにある目次は、各見開きの右側にあるインデックスと対応しています。状況に応じて目次を開き、インデックスから必要なページを探してください。

ページからページへ

会話の関連事項が載っているページについては「→⑭」等の表示があります。会話の話題をスムーズに続けるためにぜひ活用してください。

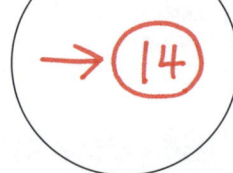

日本語の読みガナで話す

本書では、一般的な中国人の発音をもとに、"日本人が発音したときにできるだけ通じやすいこと"を念頭に読みガナをつけています。大きな声で発音してみて下さい。驚くほどよく通じます。

第2部：さらに楽しい会話のために

上海人とのつきあい方などのコミュニケーションをさらに深めるためのページです。上海がどういうところで、上海人がどういう人たちなのかがわかります。

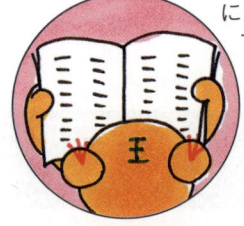

第3部：頼りになる日本語→中国語・日本語→上海語の単語集

言葉がさらに必要になったら、93ページからの単語集をめくってください。辞書形式で「日本語→中国語」「日本語→上海語」あわせて2500語以上の単語を収録しています。

裏表紙を活用するために水性ペンを用意しましょう。書いた文字をふきとれば何度でもメモ書きに使えます。

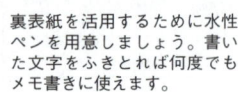

折り曲げて持ち歩きやすいように、本書は特別な紙を選んで使っています。

この本の使い方〈そのコツ〉

　このシリーズは、語学の苦手な人でもぶっつけ本番で会話が楽しめるように、様々な工夫をしています。実際に使った方からは「本当に役に立った」というハガキをたくさんいただきます。現地で友達ができた方、食事に招かれた方、旅行中に基本的な言葉を覚えた方……そんな方がたくさんいます。

　その土地の言葉で話そうとする人は歓迎されるもの。そして会話がはずめば、次々とおもしろい体験が押し寄せてきます。現地の人しか知らない「とっておきのおいしい店」や「最近流行っているスポット」を教えてもらったり、その時しか見られない催しに連れて行ってもらったり……こういった体験は、おきまりの場所をたどる旅行より数十倍、数百倍おもしろいものです。

　では、どうやると本書をそんなふうに使えるのか、そのコツをいくつか紹介します。

第1のコツ→面白い本だとわかってもらう

　本書は、実際の会話の場面で話し相手に興味を持ってもらうための工夫をいたるところにしています。

　言葉の一つ一つは、あなたが使うためはもちろん、上海人に"ウケる"ことも考えて選んでいますし、興味を少しでもひくためにイラストもたくさん盛り込んでいます。

　42ページの「おもな料理・家庭料理」、50ページの「若者文化」なども、実用的な意味と同様に、上海人に「へぇ！こんなことも載ってんのか！　面白そうな本だな〜」と感じてもらう意味があります。相手にあわせて興味を持ってくれそうなページをすかさず見せてみることは重要なポイントです。

第2のコツ→おおまかに全体を頭に入れておく

　どのページにどんな表現が載っているかを把握しておくと、スムーズにいろんな言葉を使えます。目次を見ながら、興味のあるページを眺めておきましょう。

第3のコツ→文法を気にするより"まずは話す"

　外国語会話というと、たくさん言葉を覚えないと、と思っていませんか？でも限られた単語を並べるだけでもかなり通じるのです。

　たとえば、あなたが日本で外国人に尋ねられた状況を考えてみてください。

　「ワタシ、イク、ヒロシマ、ハヤク」

　と言われたら"この人は急いで広島に行きたいらしい"と、充分にわかるものです。また「シンカンセン」と言っていたら"新幹線に乗りたいんだな"ともわかるでしょう。

　「大きい」「小さい」「好き」「歩く」等々の言葉も、さまざまな状況でさまざまな形で使えます。

　本書は応用のきく言い回しを多数収録していますので、早い人なら1週間で簡単な会話のやりとりはこなせるようになります。

第4のコツ→大きな声で発音する

　本書を使っていると、人によってよく使うページが分かれます。年齢を話題に振りたがる人、その土地の文化を話したがる人、家族のことを持ち出す人……。

　好きな言葉、よく使う言葉ほどすぐ覚えられるものです。

　そんな言葉ができたら、発音をくり返して、話すだけでも通じるようにひそかに練習しましょう。片言でも自分の言葉にして、話して通じることは、本当に楽しい経験となり、また会話の大きなきっかけとなります。

　そうして覚えた言葉は学校の勉強よりも深く身に付き、あなたの財産となるでしょう。どんどん声に出してみてください。

上海的朋友们

　　你们好。他们是专程从遥远的日本赶来享受大上海的。但是很可惜，他们的中文不太好。看上去象中国人似的，又是同一个汉字文化圈的，可是一开口，语言完全不一样，而且不太有开口的勇气。但是，通过使用这本手册，争取努力多少能和上海市民们沟通感情。搞不好，他们哪位会用记住的一句上海话"侬好"来向你打招呼呢。

　　请通过使用手册，帮助他们进行交流沟通吧。在这本手册里，加进了许多在上海所见所闻和在上海沟通感情用的必要单词。同时再此手册里，凝聚了只要比比划划就能和他们进行会话的用心。请各位协助他们，有效地利用这本手册，让他们更加喜爱上海，让他们返回日本时，带回在上海的更多美好记忆。再此拜托各位了。多谢各位！

广冈　今日子

上海のみなさんへ

　　こんにちは！彼らは上海を楽しもうと日本からはるばるやってきた人たちです。でも、残念ながらあまり中国語が得意ではありません。見かけは中国人ととても似ているし、同じ漢字文化なのに、言葉にすると全く違うので、なかなかしゃべる勇気が出ないのです。でも、この本を使って何とか上海の人たちとコミュニケーションを取ろうと努力してます。もしかしてあなたにも、ひとつ覚えの上海語で「侬好！」って話しかけてきたのかもしれませんね。

　　そんな彼らに、この本を通して力を貸してあげてください。この本の中には、上海で見かけるもの、上海でコミュニケーションを取るために必要な単語がたくさん詰まっています。この本のどこかを指差すだけで、彼らと対話が成立するように工夫が凝らされています。この本をフル活用して、彼らがますます上海を好きになり、日本にその思い出を持ち帰れるように協力してやってください。よろしくお願いします。

広岡　今日子

第1部

「旅の指さし会話帳」本編
比比划划旅游会话手册

あいさつ | 移動 | 時間数字 | 買物観光 | 食事 | 文化 | 人間関係 | トラブル | その他

空港→宿　机场→饭店
ジーチャン→ファンディエン

あいさつ　机场→饭店

税関	海关	バイグァン
荷物受取所	提取行李	ティーチュイシンリー
入国審査	入境手续	ルージンショウシュー
国内線乗換	国内转机	グゥオネイジュアンジー

□はどこですか？
在 哪里 ？
ザイ ナー リ

両替所	電話	案内所	トイレ	カート*1
兑换处	电话	问讯处	洗手间	推车
ドゥイホアンチュー	ディエンホア	ウェンシュンチュー	シーショウジェン	トゥイチョー

私の荷物が出て来ません
我的行李(到现在)还没出来
ウォダ シンリー (ダオシェンザイ) ハイメイチューライ

□に行くにはどれが一番いいですか？
去 □ 用哪个方法最好？
チュイ ヨン ナーグ ファンファーズイハオ

タクシー	バス	リムジンバス*2
出租汽车	公共汽车	机场班车
チューズーチーチョー	ゴンゴンチーチョー	ジーチャンバンチョー

浦東国際空港*3	虹橋空港*3
浦东国际机场	虹桥机场
プードン グゥオジー ジーチャン	ホンチャオ ジーチャン

*1 上海は浦東、虹橋とも無料です。　*2 駅や中心部の数ヶ所への路線アリ。5ッ星クラスの高級ホテルなら、シャトルバスも運行されている。　*3 現在国際線は浦東国際空港に離着陸しており、虹橋空港は国内航路向けとなっている。

空港→宿

日本語	中国語	ピンイン
ホテル	饭店	ファン ディエン
招待所*4	招待所	ヂャオ ダイ スウオ

□(の部屋)はありますか？
有没有□？
ヨウ メイ ヨウ

部屋	房间	ファン ジェン
シングル	单人房	ダンレンファン
ダブル	双人床	シュアンレンチュアン
ツイン	双人房	シュアンレンファン
スイート	套房	タオファン
ドミトリー	多人房	ドゥオレンファン

ある	有	ヨウ
ない	没有	メイヨウ
朝食付き	包括早点	バオグオザオティエン
ビジネスセンター*5	商务中心	シャンウーヂョンシン
売店	商店	シャンディエン
電話	电话	ディエンホア
テレビ	电视机	ディエンシージー
非常口	太平门	タイピンメン

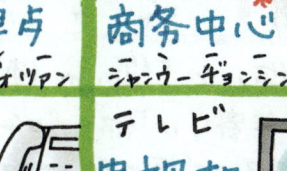

一泊いくらですか？
一天多少钱？
イーティエン ドゥオ シャオ チェン

もっと安い部屋
更便宜一点的(房间)
ゲン ピエンイー イー ディエンダ (ファンジェン)

まけられませんか？
能不能打折？
ヌンブヌンダーヂョー

もっといい部屋
更好一点的(房间)
ゲン ハオ イー ディエンダ (ファンジェン)

何泊しますか？
住几天？
ヂュー ジー ティエン

1泊します
住一天
ヂュー イーティエン

□泊します
住□天
ヂュー □ ティエン

あいさつ／移動／時間数字／買物観光／食事／文化／人間関係／トラブル／その他

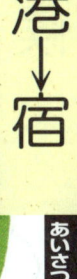

*4 中国人向けの安宿。外国人は泊まれないところもある。 *5 FAXあり。ホテルによってはパソコンを貸してくれるところもある。
*6 古いホテルは入り組んでて見つけにくいこともあるので注意しよう。ちなみに「太平間」は霊安室のこと。

あいさつ 问候 (ウエンホウ)

こんにちは	こんばんは	おはよう	敬語・目上の人に こんにちは
你好 ニーハオ	晚上好 ワンシャンハオ	早上好 ザオシャンハオ	您好 ニンハオ
(上) 侬好 ノンホウ	(上) 夜里好 ヤリホウ	(上) 侬早 ノンツォ	(上) 侬好 ノンホウ

はじめまして	どうぞよろしく！	(上) 请多多照应！
初次见面 チューツージェンミィエン	请多关照！ チンドゥオグァンヂャオ	チントゥトゥツォイン
(上) 初(ジウ)ッツ(チ)ミ	こちらこそ！ 彼此彼此 ビーツービーツー	(上) 彼此彼此 ペイツペイツ

ありがとう	谢谢 シェシェ	どういたしまして 没什么 メイシェンマ
	(上) 谢谢(侬) ジャヤ(ノン)	(上) 哎没啥 シマッサ

標準語では「你」と「您」の使い分けは結構大切でおエライさんやお年寄りに「你」で呼びかけると、ときにムッとされてしまうこともあるので気を付けましょう。特に北京などの北方では要注意です。ただし上海人の場合、上海語にこの使い分けがないせいかあまり神経質ではないので気がラクです。

ごめんなさい	お手数ですが	わかりました
对不起 ドゥイブチー	麻烦您 マーファンニン	知道了 ダーダオラ
(上) 对勿起 デヴァッチニ	(上) 麻烦侬 マーヴェノン	(上) 哓得了 ジョダラッ
ようこそ！	どうぞお気楽に	いかがですか？
欢迎欢迎 ホワンインホワンイン	请随便 チンスイビェン	怎么样 ゼンマヤン
(上) 夫宁夫宁	(上) チンゼェビ	(上) 那能 ナヌン

あいさつ

お久しぶりです！	お元気ですか？	相変わらずです
好久不见了！ ハオ ジウ ブ ジェンラ ㊤ 长远勿见了！ ザン ユ ヴァッチラ	你好吗？ ニー ハオ マ ㊤ 侬好哦？ ノン ホウ ヴァ	还是老样子 ハイ シ ラオ ヤンズ ㊤ 哎唷老样子 エ ズ ロ ヤンズ

お仕事は忙しいですか？	とても忙しいです	そんなに	まあまあ
工作忙吗？ ゴン ズオ マン マ ㊤ 工作忙哦？ クン ゾォッ モン ヴァ	很忙* ヘン マン ㊤ 忙得勿得了 モンダッヴァッタリョ	不太忙 ブ タイ マン ㊤ 勿大忙 ヴァ ダー モン	还好 ハイ ハオ ㊤ 还好 エ ホ

私の名前は □ です	我叫 □ ヴォ ジャオ ン グ ジョ ㊤

あなたのお名前は？	你（您）叫什么名字？ ニー（ニン）ジャオ ジェンマ ミンズ ㊤ 侬叫啥格名字？ ノン ジョ サ ガッ ミンズ

お会いできてとてもうれしいです	见到你（您），我很高兴 ジェンダオ ニー（ニン）ウォーヘン ガオシン ㊤ 看到侬，我老开心格 ヴィドノン ングローケーシンガッ

もう遅いのでおいとまします	お気をつけて	さようなら
天不早了，我该走了 ティエン ブー ザオラ ウォー ガイ ゾウラ ㊤ 天勿早勒，我要走勒力 ティ ヴァ ツォラッ ングョ ズウラッ	慢走 マン ゾウ ㊤ 慢慢走 メ メ ズウ	再见 ザイ ジェン ㊤ 再会 ゼ ウェ

もう少しごゆっくり	そう忙がなくても	また遊びに来て下さい	また来ます
还早呢 ハイ ザオ ナ ㊤ 还早勒 エ ツォ ラッ	忙什么 マン シェンマ ㊤ 急点啥 チェッ ディ サ	有空再玩 ヨウ コン ザイ ワン ㊤ 再来白相 ゼ レ バッ シャン	改天再来 ガイ ティエン ザイ ライ ㊤ 过两天再来 グ リャン ティ ゼ レ

＊ 上海人は「勿得了！」をホントによく使う。"とても"という意味だが、"たまんねー！"とか"すげー！"という時にも使ったりするので、憶えておいて要所要所で使うと、上海語が上手くなった気がしてイイ。

呼びかけ 招呼 ヂャオフ

(何かをたずねる時) すみません	男の人
请问 チン ウェン	先生 シェン ション
(お店で店員を呼ぶ時) すみません	女の人 女士 ニュー シー
〈お店の場合〉 哎,请 エイ チン	〈レストランで〉 点菜 ディエン ツァイ	若い女の人 小姐 シャオ ジェ

来てください	結構です (いりません)
请过来一下 チン グオ ライ イー シア	不要了 ブー ヤオラ

※ 私は日本人です。標準語で言って下さい。　(上) 阿拉日本人。请侬讲普通闲话 アラ サパンニン チンノンガンプトンエウ

もう一度言って下さい　　请再说一次 チン ザイ シュオ イー ツー

(意味が) わかりました	(意味が) わかりません
明白了 ミン バイラ	不明白 ブー ミン バイ
書いて下さい	問題ありません
请写一下 チン シェ イー シア	没问题 メイ ウェン ティー

※ 見かけが似てるので、日本人も黙ってると上海人に間違えられて上海語で道を聞かれたりすることがある。そこでこのひと言を言うとかなりウケるが、標準語を知らないとあとが大変に……。

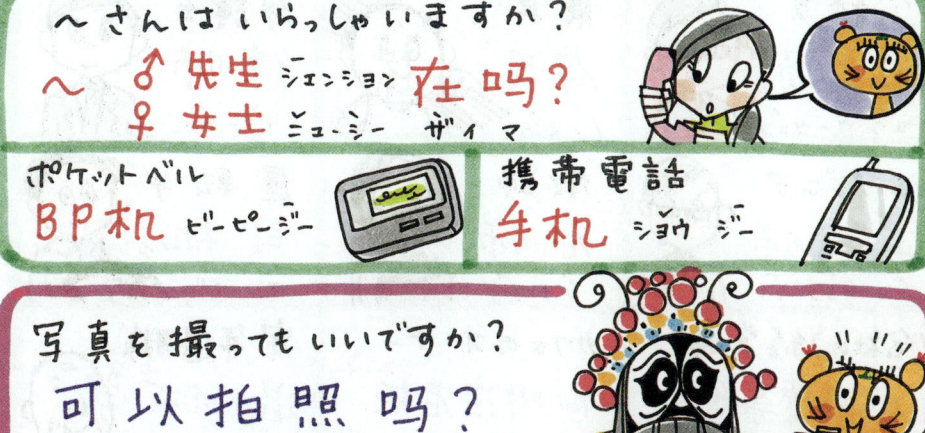

自己紹介

出身はどちらですか？
你(您)是哪里的？
ニー(ニン)シー ナーリーダ

私は □ 人です *4
我是 □ 人
ウォーシー　　レン

上海語で　私は日本人です
阿拉日本人
ア ラ サ パ ニン

既婚
已婚
イーフン

未婚
未婚
ウェイフン

恋人がいます
我有朋友
ウォー ヨウ ポン ヨウ

□才の子供がいます
有 □ 岁的孩子
ヨウ　スイダ　ハイズ

私はシングルマザーです
我是单亲妈妈 *5
ウォーシー ダンチン マーマ

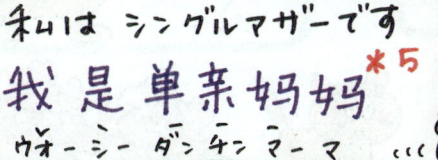

中国
中国
ヂョングオ

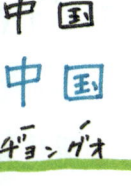

日本
日本
リーベン

アメリカ
美国
メイグオ

フランス
法国
ファーグオ

アフリカ
非州
フェイヂョウ

ヨーロッパ
欧州
オウヂョウ

アジア
亚州
ヤーヂョウ

あいさつ | 移動 | 時間・数字 | 買物観光 | 食事 | 文化 | 人間関係 | トラブル | その他

*4 外国人のみならず、中国人も出身によって「〜人」という。例えば北京人なら「北京人(ベイジンレン)」。　*5 最近、上海でも急増中だ。

15

街を歩く

☐ に行きたい
我想去 ☐　ウォ シャン チュー
⑤ 我想到 ☐　ウォ シャン ダオ

食事	(酒を)飲む	本屋
吃饭 チー ファン	喝酒 ホー ジウ	书店 シュー ディエン
コンビニ	フィルムの現像	薬局
便利店 ビエン リー ディエン	冲洗胶卷 チョン シー ジャオ ジュエン	药店 ヤオ ディエン

まっすぐ 一直走 イーヂーゾウ			あそこ 那里 ナーリ	隣 旁边 パンビエン
左にまがる 左拐 ズオ グアイ	ここ 这里 ヂョーリ	右にまがる 右拐 ヨウ グアイ	向かい 对面 ドゥイミエン	角 角落 ジャオルオ
	戻る 往回走 ワンホイゾウ		うしろ 后面 ホウミエン	道を渡る 过马路 グオマールー

道 路 ルー	横丁 * 弄堂 ロン タン	交差点 十字路口 シーズールーコウ	信号 红绿灯 ホン リュー ダン

ここからは遠いですか？
从这里远吗？
ツォン ヂョーリ ユエン マ

〜に乗って行けますか？
坐〜能去吗？
ズオ ノン チュー マ

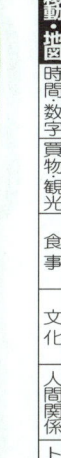

＊上海の集合住宅は、表通りから枝葉のように横丁が伸び、その両わきに長屋形式の住宅が立ち並ぶスタイルがメイン。これを「里弄（リーロン）」と呼ぶ。その関係か、これを受けて上海では横丁のことをみな「弄堂（ロンタン）」と呼ぶが、他の地域で弄堂と言ってもまず通じない。北京の横丁に当たる「胡同（フートン）」が一般的。

17

乗り物 交通工具
ジャオトンゴンジュー

私は□で行きます
我坐□
ヴォー ズォ

どこへ行きますか？
你要去哪里？
ニー ヤオ チュー チーリ

バス *1
公共汽车
ゴンゴンチーチョー

タクシー
出租汽车
チューズーチーチョー

地下鉄
地铁
ディーティエ

汽車
火车
フォーチョー

船
轮船
ルンチュアン

飛行機
飞机
フェイジー

2階建てバス
双层巴士
シュアンツォンバース

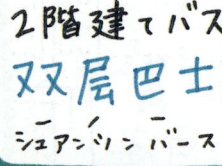

黄浦江遊覧船
浦江游览
プー ジャン ヨウ ラン

キップを買う
买票
マイ ピャオ

メーター
计程表
ジー チョン ビャオ

～までいくらですか？
到～多少钱？
ダオ ドゥオ ジャオ チェン

～まで行って下さい
请到～
チン ダオ

～に着いたら教えて下さい
到了～告诉我吧
ダオラ ガオス ヴォーバ

ここで降ります
我在这儿下车
ヴォー ザイ ヂョール シア チョー

*1 最近は「バス」という音の当て字で「巴士（バーシー）」とも呼ばれる。

*2 あらかじめ時刻表などで列車番号を調べておくと、買うのがスムーズ。 *3 3段ベッドの「硬臥(インウォー)」と、2段ベッドで個室の「軟臥(ルアンウォー)」がある。

上海 上海
シャンハイ ㊤サンヘ

*1 蘇州河の北〜魯迅公園あたりまでの一帯を指す。1930年代の外国人人口No.1は日本人だったが、居住環境はイマイチで、バンドを含む租界の中心は、やっぱり欧米人のものだった。

〜に行きたい
我 想 去〜
ウォ シャン チュー

歩くとどのくらいかかりますか？
走路要多长时间？
ゾウ ルー ヤオ ドゥオ チャン シー ジェン

タクシーで
坐出租车
ズオ チュー ズー チョー

地下鉄で
坐地铁
ズオ ディー ティエ

上海

移動 | 時間・数字 | 買物・観光 | 食事 | 文化 | 人間関係 | トラブル | その他

① 東方明珠
东方明珠 *2
ドン ファン ミン ヂュー

② 鲁迅公園
鲁迅公园
ルー シュン ゴン ユエン

③ 和平飯店
和平饭店
ホー ピン ファン ディエン

④ 豫園
豫园
ユー ユエン

⑤ 骨とう市場
古董市场 *3
グー ドン シー チャン

⑥ 一大会址
一大会址 *4
イー ダー ホイ ヂー

⑦ 玉仏寺
玉佛寺
ユー フォー スー

⑧ 徐家滙天主堂 *5
徐家汇天主堂
シュー ジア ホイ ティエン ヂュー タン

＊2 館内には歴史博物館や水族館もあるテレビ塔。＊3 骨とうと言えばここ。ただしニセモノも満載だ。＊4 1921年に共産党第一回会議が行われた場所。＊5 お願いすれば挙式できるかも。ただし運次第。

蘇州・水郷
苏州及水乡
スーヂョウジーシュイシャン

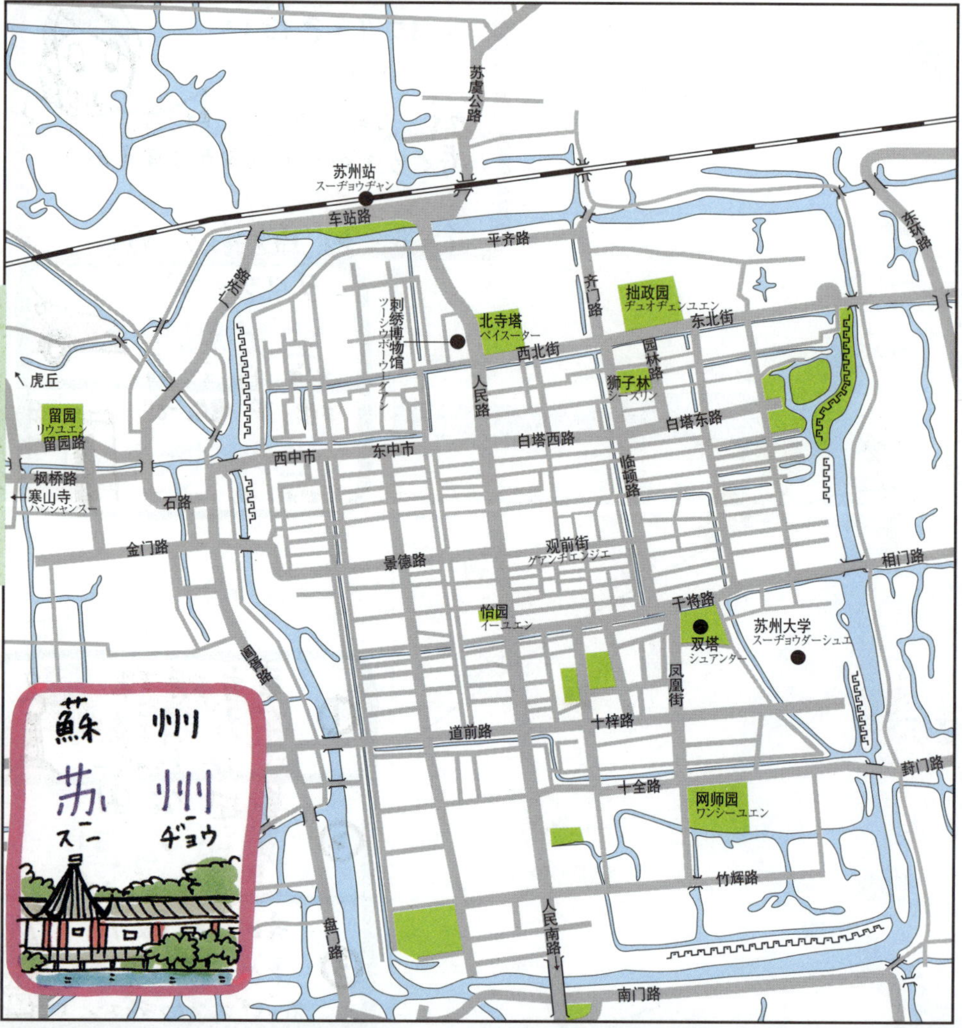

苏州及水乡

(地図)
- 苏虞公路
- 苏州站 スーヂョウヂャン
- 车站路
- 平齐路
- 广齐路
- 齐门路
- 拙政园 デュオヂェンユエン
- 东北街
- 刺绣博物馆 ツーシゥボーウゥグァン
- 北寺塔 ベイスーター
- 西北街
- 人民路
- 园林路
- 狮子林 スーズリン
- 虎丘
- 留园 リウユエン 留园路
- 白塔西路
- 白塔东路
- 西中市
- 东中市
- 枫桥路
- 寒山寺 ハンシャンスー
- 石路
- 临顿路
- 金门路
- 景德路
- 观前街 グァンチェンジエ
- 相门路
- 怡园 イーユエン
- 千将路
- 双塔 シュアンター
- 苏州大学 スーヂョウダーシュエ
- 凤凰街
- 道前路
- 十梓路
- 十全路
- 网师园 ワンシーユエン
- 葑门路
- 竹辉路
- 盘门路
- 人民南路
- 南门路

蘇　州
苏　州
スー　ヂョウ

東洋のベニス	蘇州美人	蘇州産のししゅう
东方的威尼斯	苏州美人	厄贝绣
ドンファンダウェイニースー	スーヂョウメイレン	グーシウ

羊羹　ヤン　グン

……と書くと ようかんですね、日本では。ところが中国では「羊の肉と月干の煮こごり」なのです。日本のようかんのルーツとも言われる伝統食で、古都蘇州では今でも日常食です。

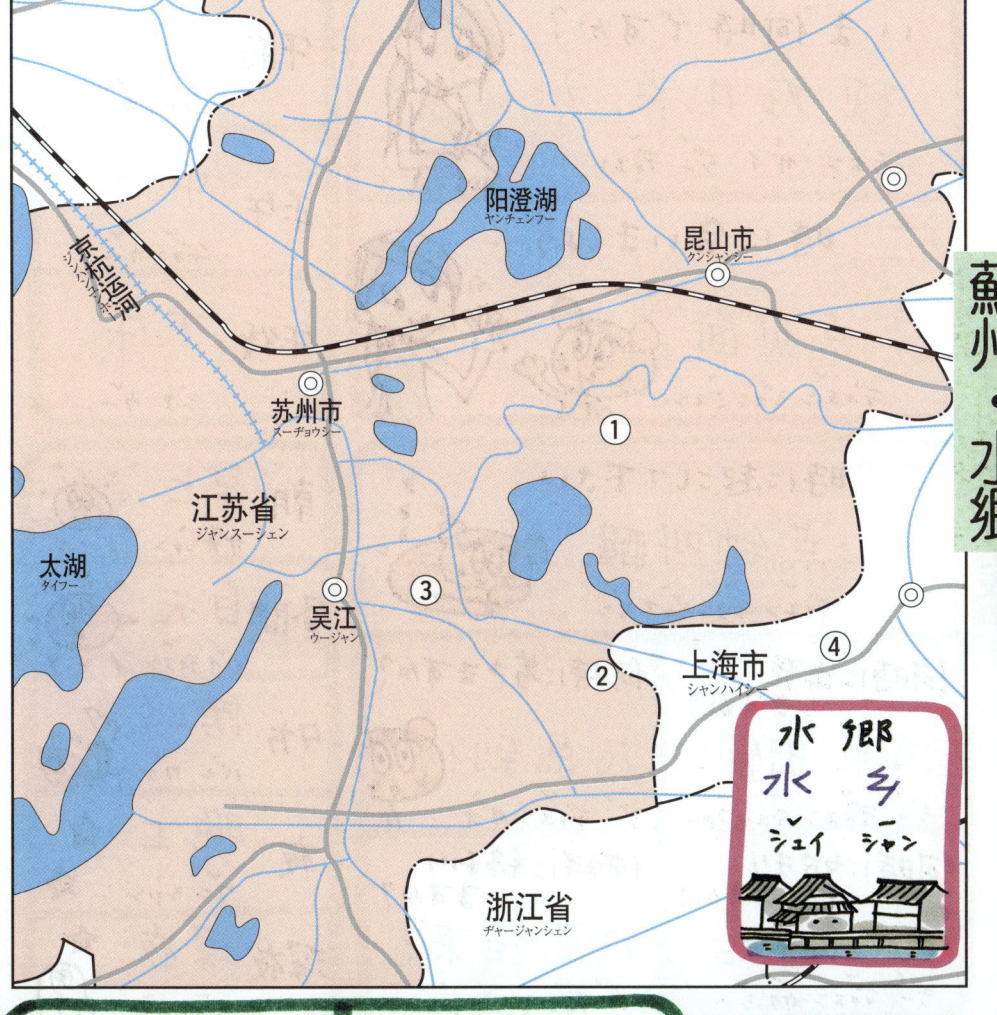

蘇州・水郷

移動 | 時間 数字 | 買物 観光 | 食事 | 文化 | 人間関係 | トラブル | その他

阳澄湖 ヤンチェンフー
昆山市 クンシャンシー
京杭运河 ジンハンユンハー
苏州市 スーヂョウシー
江苏省 ジャンスーシェン
太湖 タイフー
吴江 ウージャン
上海市 シャンハイシー
浙江省 ヂャージャンシェン

水郷 水乡 シュイ シャン

入村料 *1	遊覧船 *2	① 甪直
进庄费 ジン ヂュアン フェイ	游船 ヨウ チュアン	甪直 ルー ヂー

② 周荘	③ 同里	④ 朱家角
周庄 ヂョウ ヂュアン	同里 トン リー	朱家角 ヂュー ジア ジャオ

*1 周庄、甪直、同里 は江南一帯でも古くからの水郷として有名だが、観光地化した今はどこも入村料を取られる。 *2 水郷の街中をめぐる手漕ぎの遊覧船。周庄→同里などのコースもある。

時間と時計　时间与钟表
シージエンユーショウビアオ

いま何時ですか？ 现在几点？ ジエン ザイ ジー ディエン 	午前　上午 シャンウー
□時に会いましょう □点见面 ディエン ジェンミエン 	正午　中午 ヂョンウー
□時に起こして下さい □点钟叫醒 ディエン ヂョンジャオ シン 	午後　下午 シアウー

何時に出発しますか？ 几点出发？ ジー ディエン チューファー	何時に着きますか？ 几点到？ ジー ディエンダオ 	朝　早上 ザオシャン
何時に始まりますか？ 几点开始？ ジー ディエンカイシー	何時に終わりますか？ 几点结束？ ジー ディエン ジエシュー	昼間　白天 バイティエン

夕方　傍晩
バンワン

夜　晩上
ワンシャン

深夜　深夜
シェンイエ

何時間かかりますか？ 需要几个小时？ シューヤオ ジーゴ シャオシー 	□時間です □个小时 ゴ シャオシー
何分かかりますか？ 需要几分钟？ シューヤオ ジー フェンヂョン 	□分です □分钟 フェンヂョン 

月日と年月 月日与年月
ユエリーユーニエンユエ

いつ？
什么时候
シェンマ シーホウ

今日は何曜日ですか？
今天星期几？
ジンティエン シンチージー

誕生日はいつですか？
你的生日是几月几号？
ニーダ ションリーシージーユエジーハオ

いつ上海に来ましたか？
什么时候来上海的？
シェンマ シーホウライ シャンハイダ

どのくらい上海にいますか？
在上海呆多长时间？
ザイ シャンハイ ダイドゥオ チャンシージェン

いつ帰りますか？
什么时候回去？
シェンマ シーホウ ホイチュー

三日後に帰ります
三天后回去
サンティエンホウ ホイチュー

明日帰ります
我明天回去
ウオ ミン ティエン ホイチュー

お気をつけて！
一路平安！
イールー ピンアン

日	天 ティエン
週	周 *1 ヂョウ
月	月 ユエ
年	年 ニエン

*1 「星期（シンチー）」が一般的だったが、最近は香港や台湾のマネをして「周（ヂョウ）」を使う人が多い。

月日と年月

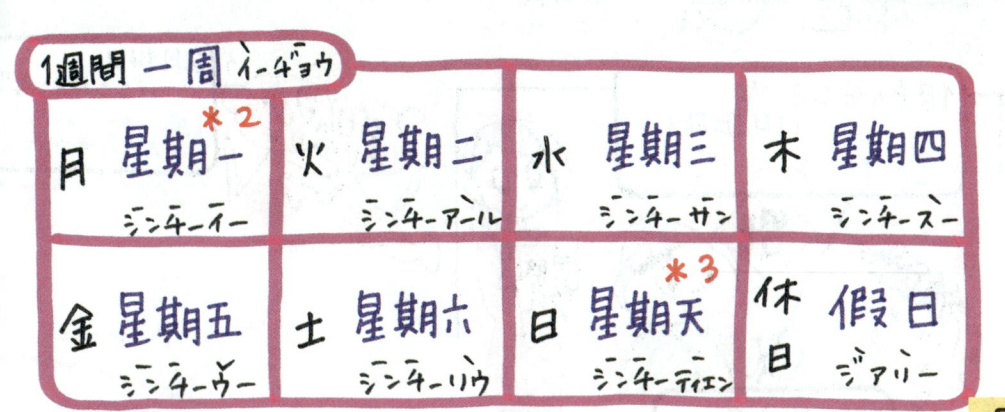

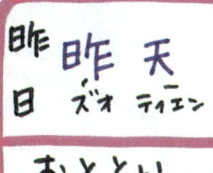

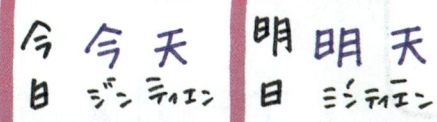

1週間 一周 イーヂョウ

月 星期一[*2] シンチーイー	火 星期二 シンチーアール	水 星期三 シンチーサン	木 星期四 シンチースー
金 星期五 シンチーウー	土 星期六 シンチーリウ	日 星期天[*3] シンチーティエン	休日 假日 ジアリー

昨日 昨天 ズオティエン	今日 今天 ジンティエン	明日 明天 ミンティエン	今朝 今天早上 ジンティエンザオシャン
おととい 前天 チェンティエン		あさって 后天 ホウティエン	今晩 今天晩上 ジンティエンワンシャン

□日前に □天前 ティエンチェン	□日後に □天后 ティエンホウ
先週 上星期 シャンシンチー	来週 下星期 シアシンチー
先月 上个月 シャンゴユエ	来月 下个月 シアゴユエ
昨年 去年 チューニエン / 2年前 兩年前 リャンニエンチェン	今年 今年 ジンニエン / 来年 明年 ミンニエン

*2「星期」と同じ意味で「礼拝（リーバイ）」という言い方もある。 *3「星期日（シンチーリー）」とも言う。

数字とお金 数字与钱 シューズーユーチエン

*1 日本語では100は"百"だが、中国語では「一百（イーバイ）」となる。「千」、「万」など、頭の数字が1の場合は全て同様。

数字とお金

漢字	中国語	発音
千	一千	イーチェン / (上)イェッチェー
万	一万	イーワン / (上)イェッヴェ
十万	十万	シーワン / (上)ザッヴェ
百万	一百万	イーバイワン / (上)イェッバッヴェ
千万	一千万	イーチェンワン / (上)イェッチェーヴェ
一億	一亿	イーイー / (上)イェッイー
十億	十亿	シーイー / (上)ザッイー

量詞 *2

1枚	一张	イーヂャン
1着	一件	イージェン
1杯	一杯	イーベイ
1冊	一本	イーベン
1本	一支	イーヂー
1個	一个 *3	イーゴ

1着 いくらですか？
一件多少钱？
イージェンドゥオシャオチェン

300元だよ
三百块
サンバイクアイ

元	块 *4	クアイ / (上)クエ
角	毛	マオ / (上)ユッ (角)
分	分	フェン / (上)フェン

両替	中国元	日本円	おつり
换钱	人民币	日币	找钱
ホアンチェン	レンミンビー	リービー	ヂャオチェン

*2 日本語で一匹、一本などとモノによって単位の使い分けがあるのと同じものが中国語にもあり「量詞（リャンツー）」と呼ばれる。
*3 最も良く使われる量詞。どの量詞を使ったらいいかわからない時には、とりあえずこれを使っておこう。人数もこの量詞を使う。
*4 元は文語では"ユエン"、角は"ジャオ"、分は文語も口語も"フェン"。

買い物 买东西
マイドンシ

□を買いたいのですが、どこで売ってますか？
我想买□,在哪里有卖？
ウオーシャンマイ　ザイナーリーヨウマイ

チャイナドレス
旗袍
チーパオ →39

漢方薬
→68 中药
ヂョンヤオ

お茶(の葉)
茶叶
チャーイエ

おかし
点心
ディエンシン

買う
买
マイ

売る *1
卖
マイ

上海のおしゃれさんが好きな店

店
商店
シャンディエン

雑貨店
杂货店
ザーフォディエン

ヘアアクセサリーの店
头饰品店
トウシーピンディエン

(食品の)自由市場
菜市场
ツァイシーチャン

(南方の)食品店
南货店 *4
ナンフォディエン

インテリアショップ *2
家居饰品店
ジアジューシーピンディエン

靴屋
鞋店
シエディエン

ブティック
服饰店
フーシーディエン

専門店 *3
专卖店
ヂュアンマイディエン

薬局
药店
ヤオディエン

コンビニ
便利店
ビエンリーディエン

アウトドアショップ
户外用品店
フーワイヨンピンディエン

時計屋
钟表店
ヂョンビャオディエン

本屋
书店
シューディエン

バーゲンセール
减价出售
ジエンジアチューショウ

ショッピングセンター
商场
シャンチャン

デパート
百货商店
バイフォシャンディエン

20% off *5
打8折
ダーバーヂョー

*1 この2つは同じ「マイ」でも声調が違うので注意。 *2 オリジナル商品もたくさんあり、おみやげに最高。 *3 ブランドショップもここに含まれる。 *4 ふかひれ等の乾物からお菓子まで、たくさんの保存食と、さまざまな調味料が豊富で、料理好きならぜひ行くべし。見ているだけでも楽しい。 *5 30%offで「打7折(ダーチーヂョー)」、25%offなら「75折(チーウーヂョー)」。

市場で 在市场
ザイシーチャン

襄陽路小商品市場 *1 襄阳路小商品市场 シャンヤン ルー シャオシャンピン シーチャン	小物 小件 シャオ ジェン 
東台路骨董市場 *2 东台路古董市场 ドンタイ ルー グードン シーチャン	古いもの *3 旧货 ジウ フオ

もう少しまけてくれませんか？
能不能便宜一点？
ヌンブー ヌン ピエンイー イーディエン

| まだ品物はありますか？
 这还有货吗？
 ジェー ハイ ヨウ フオ マ | 高すぎます！
 太贵了！
 タイ グイ ラ |

あいさつ / 移動 / 時間 / 数字 / 買物 / 観光

在市场

小商品市場で
在小商品市场
ザイ シャオシャンピン シーチャン

アクセサリー 首饰品 ショウ シー ピン	服 衣服 イー フー	革製品 皮件 ピー ジェン
海賊版 盗版 ダオ バン	ブランド物 名牌 ミン パイ	輸出品 外销转内销 ワイシャオ ジュアン ネイシャオ	ニセ物 假货 ジア フオ

| 別のサイズはありませんか？
 有没有别的尺寸？
 ヨウ メイヨウ ビエダ チーツン  | これはシルクですか？
 是丝绸的吗？
 シースー チョウ ダ マ |
| 全部でいくらですか？
 一共多少钱？
 イー ゴン ドゥオシャオ チェン | たくさん買うのでまけて下さい
 我多买一点，便宜一些吧
 ウオ ドゥオ マイ イーディエン ピエンイー イーシエ バ |

＊1 淮海中路の西寄り、南側にある服飾関係の市場。中国に工場があるブランド物もたくさん置いているが、ニセモノもたくさんあるので注意。 ＊2 露天市で一番大きい骨とう市場がここ。 ＊3 骨とうほど古くないものを指す。

骨董市場で
在古董市场
ザイ グードン シーチャン

陶磁器	陶磁器	タオ ジー チー
書画	书画	シュー ホア
ししゅうの物	绣品	シウ ピン
木製品	木器	ムー チー
ポスター *4	月份牌	ユエ フェン パイ
複製	复制品	フー ヂー ピン
ニセ物	假货	ジアー フォ
これは本物ですか？	这东西是真货吗？	ヂョー ドンシー シー ヂェン フオ マ
清代以前	清朝以前	チン ヂャオ イー チェン
清代 (1644〜1911)	清朝	チン ヂャオ
いつ頃のものですか？	是什么年代的？	シー シェンマ ニェンダイ ダ
民国 (1911〜1949)	民国	ミン グォ
今のもの	现在的	シェン ザイ ダ

市場で

食材市場で
在菜市场
ザイ ツァイ シーチャン

食材を買う	买菜	マイ ツァイ
野菜	蔬菜	シュー ツァイ
肉類	肉类	ロウ レイ
生きた魚	活鱼	フオ ユイ
大豆製品	豆制品	ドウ ヂー ピン
調理品	熟食	ショウ シー
公平はかり *5	公平称	ゴン ピン チェン
一斤いくらですか？ *6	多少钱一斤？ / 几钿一斤？	ドゥオ シャオ チェン イー ジン / ジ ディエ イー ジン
これは旬のものですか？	这是应时的吗？	ヂョー シー インシー ダ マ
どうやって食べるんですか？	怎么吃？	ゼン マ チー
目方が足りません！	分量不够多啊！ *7	フェン リャン ブ ゴウ ア

買物観光　食事　文化　人間関係　トラブル　その他

*4 民国期の美人画ポスターやカレンダーのこと。市場のものはほとんど複製です。　*5 よくはかりをごまかす人がいるので、正しい目方を知るためにあるはかり。ここではかってみてごまかされていたら、戻って文句を言おう(→*7)。　*6 中国の食材は、貴重なものを除いてほとんど斤 (500g) 単位で売られる。

服と色　衣服和顔色
イーフーホーイエンスー

試着できますか？	いいですよ	ダメです
能不能試身？ ヌンブヌン シーシェン	**可以** クーイ	**不可以** ブークーイ

伊の〜もありますか？	色	サイズ	デザイン
有没有别的〜？ ヨウメイヨウ ビェダ	**顔色** イエンスー	**尺寸** ダーツン	**款式** クァンシー

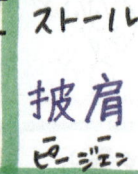

ワンピース	スカート	ブラウス（シャツ）	スーツ
连衣裙 リェンイーチュン	**裙子** チュンズ	**衬衫** チェンシャン	**套装** タオヂュアン

ズボン	セーター	ストール	くつ
裤子 クーズ	**毛衣** マオイー	**披肩** ピージェン	**鞋子** シェズ

白	黒	赤	青
白色 バイスー	**黒色** ヘイスー	**红色** ホンスー	**蓝色** ランスー

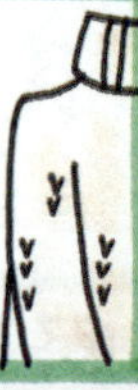

黄	緑	茶	ベージュ
黄色 ホァンスー	**绿色** リュースー	**咖啡色** カーフェイスー	**米色** ミースー

ピンク	水色	濃い	うすい
粉红色 フェンホンスー	**天蓝色** ティエンランスー	**深** シェン	**淡** ダン

あいさつ／移動／時間／数字／買物観光

衣服和顔色

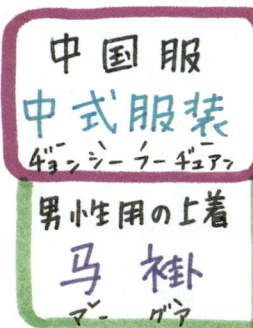

服と色

中国服	□を作ってください	男性用の長着
中式服装 ヂョンシーフーヂュアン	我想定做□ ウォー シャン ディン ズオ	长袍 チャン パオ

男性用の上着	チャイナドレス	短い女性用上着	綿入れ
马褂 マー グア	旗袍 チー パオ	短袄 ドゥアン アオ	绵袄 ミェン アオ

チャイナドレスを作る
定做旗袍 ディンズオ チーパオ

| □日後に来て下さい □天后过来 ティエンホウグオライ |

- どのくらいでできますか？ 什么时候做好？ シェンマ シーホウ ズオ ハオ
- あまりきつく作らないで下さい 不要做得太紧 *1 ブー ヤオ ズオ ダ タイ ジン
- 仮縫いはいつですか？ 什么时候来试身？ シェンマ シーホウ ライ シー シェン

パイピング	花ボタン	(中国式)ボタン	胸の切り替え
绲边 *2 グンビエン	花扣 *3 ホア コウ	直扣 ヂー コウ	胸盖 シオン ガイ

スリット	裏地	シルク	どんす
开衩 *4 カイ チャー	里子 リーズ	丝绸 スー チョウ	缎子 ドゥアンズ

シャンタン	バスト	ウエスト	ヒップ
山东丝 シャンドン スー	胸围 シオン ウェイ	腰围 ヤオ ウェイ	臀围 トゥン ウェイ

買物・観光 食事 文化 人間関係 トラブル その他

*1 黙ってるとかなりボディコンシャスにつくられてしまう。 *2「花边（ホアビエン）」、「绲条（グンティアオ）」ともいうが、上海ではこの呼び方が一般的。 *3 サンプルがあるはずなので見せてもらおう。 *4 低くつくる時は、ヒップから下をゆるめにしてもらわないと、歩けない服ができあがる。

食事 吃饭
チーファン ⤴チェヴェー

ご飯は食べた？ *1	食べた！	まだ！
你吃饭了吗？ ニー チー ファンラ マ ⤴ 侬吃饭了哦？ ノン チェ ヴェーラ ヴァ	吃过了 チー グォラ ⤴ 吃好了 チェッ ホーラ	还没吃 ハイ メイ チー ⤴ 没吃 ミッ チェ

メニューを見せて下さい	おすすめは何ですか？
给我看看菜单 ゲイ ウォー カンカン ツァイダン	你们的招牌菜是什么？ ニーメン ダ ヂャオパイツァイ シー シェンマ

上海料理はどれですか？	お酒のメニューを下さい
哪个是本帮菜？ ナーガ シー ベン バン ツァイ	给我看看酒单 ゲイ ウォー カンカン ジウダン

〜を2两下さい	お勘定をお願いします
给我二两的〜 *2 ゲイウォー アル リャンダ	埋单！ *3 ／ 结帐！ マイ ダン ／ ジェ ヂャン

あまり辛くしないで下さい	ニンニクを入れて下さい
不要太辣 ブー ヤオ タイ ラー	放大蒜 ファン ダー スァン

一匹で何斤くらいありますか？ *4	もっと冷えたのを下さい
一条大概有几斤？ イーティアオ ダー ガイヨウ ジー ジン	给我冰一点的吧 ゲイ ウォー ビン イーディエンダ バ

デザートはありますか？	(料理が余った時) 包んで下さい
有甜品吗？ ヨウ ティエン ピン マ	给打下包 ゲイ ダー シア バオ

[地名]料理 □菜 ツァイ	あなたのオススメの□料理店は？ 你所推荐的□菜名店是哪家？ ニー ズォ トゥイ ジェンダ ツァイ ミン ディエン シー ネー ジア		
しにせ 老店 ラオ ディエン	食堂 餐厅 ツァン ティン	ファストフード店 快餐店 クゥアイ ツァン ディエン	軽食店 小吃店 *5 シャオ チー ディエン

*1 「こんにちは」がわりにこの言葉を使うこともあるので、よっぽど親しい間柄でない限り、「食べた」と言っておいたほうが身のため。
*2 小吃店では量を聞かれることも多い。目安は女性で2两（リャン）、男性で3两。 *3 香港から伝わって、こっちのほうが一般化した。 *4 活魚は大体斤売りなので、聞けばおおよその値段がわかる。 *5 麺やワンタンはこのタイプの店。

食事

おいしい！ 好吃！ バオチー	まあまあ 还可以 ハイクーイー	おいしくない 不好吃 ブーハオチー

お味はいかが？ 味道怎么样？ ウェイダオゼンマヤン / 味道那能？ ミドチヌン

塩からい 咸 シェン	甘い 甜 ティェン
辛い 辣 ラー	苦い 苦 クー	すっぱい 酸 スァン
油っこい 油腻 ヨウニー	あっさりしてる 清淡 チンダン	コクがある/ダシがきいてる 鲜 *6 シェン

調理法 烹调方法 *7 ポンティアオファンファー

炒める 炒 チャオ	強火で炒める 爆 バオ	タタメの油で焼く 煎 ジェン
揚げる 炸 ギャー	炉やオーブンで焼く 烤 カオ	蒸す 蒸 ジョン	弱火で柔らかくなるまで煮こむ 炖 ドゥン
和える 拌 バン	みじん切り 末 モー	さいの目切り 丁 ディン	千切り 丝 スー	ぶつ切り 块 クァイ

食器を下さい 请给我片具 チンゲイウォーツァンジュー

おはし 筷子 クァイズ	コップ 杯子 ベイズ	お碗 碗 ワン
れんげ 调羹 ティアオグン	スプーン 勺子 シャオズ	お皿 碟子 ディエズ	ナイフとフォーク 刀叉 ダオチャー

食事 | 文化 | 人間関係 | トラブル | その他

*6 「おいしい！」のかわりに使うこともある。 *7 1冊の本ができるくらい色々あるので、ここでは代表的なものだけ。

41

おもな料理・家庭料理

代表菜・家常菜
ダイビャオツァイ・ジャーチャンツァイ

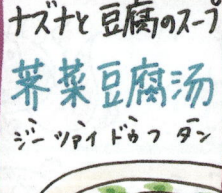

上海の家庭料理

ゆで鶏	三黄鸡	サン ホアン ジー
口ウナギの炒め物	炒鳝糊	チャオ シャン フー
生麩のしょう油煮	红烧烤麸	ホン シャオ カオ フー
雪菜と枝豆の炒め物	雪菜炒毛豆	シュエ ツァイ チャオ マオ ドウ
豚すね肉の甘辛煮	红烧蹄膀	ホン シャオ ティー パン
マナガツオの酒蒸し	清蒸鲳鱼 *1	チン ヂョン チャン ユイー
カレーライス *2	咖哩饭	ガー リー ファン
ナズナと豆腐のスープ	荠菜豆腐汤	ジー ツァイ ドゥフ タン
骨付きロースの甘辛煮	红烧大排	ホン シャオ ダー パイ
スペアリブのから揚げ	椒盐排骨	ジャオ イェン パイ グー
青菜の炒め物 *3	生煸青菜	ション ビェン チン ツァイ
上海ガニ *4	大闸蟹	ダー ヂャー シエ

その他の地方料理

北京ダック(北京)	北京烤鸭	ベイ ジン カオ ヤー
羊のしゃぶしゃぶ(北京)	涮羊肉	シュアン ヤン ロウ
牛肉のオイスターソース(広東)	蚝油牛肉	ハオ ヨウ ニウ ロウ
ふかひれの姿煮(広東)	红烧鱼翅	ホン シャオ ユイ チー
なすの辛味炒め(四川)	鱼香茄子	ユイー シャン チェズ
ゆで豚のにんにくソース(四川)	蒜泥白肉	スアン ニー バイ ロウ
揚げた桂魚のあんかけ(江蘇)	松鼠桂鱼	ソン シュー グイ ユイー
ヤムチャ(広東)	饮茶	イン チャー

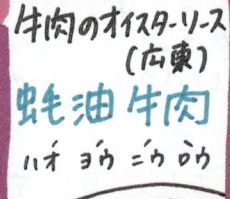

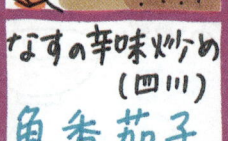

*1 川魚でもよくつくる。 *2 租界時代の影響で、家庭料理に洋食もよく見られる。ポテトサラダやフルーツサラダも家庭でよく作られる。 *3 上海は葉っぱの種類が多く、塩味だけでさっと炒めただけで充分においしい。 *4 家庭で食べるには高級になりすぎたが、元々は庶民の食べ物。

軽食店 小吃店
シャオ チー ディエン

上海人は麺が大好き。だから街のあちこちに麺やワンタンが食べられる小さな店があります。好きなトッピングを組み合わせられるのが人気の秘密。ワンタンは餃子並みの大きさで、中には青菜と肉がたっぷり入ります。ナズナ入りが上海人一番のお気に入りです。

おはしは持参が無難かも。

麺　面（ミエン）

A 麺に B を足して下さい！
A 面再加 B
ミエン ザイ ジア

トッピングは組み合わせ自由よ

おもな料理・家庭料理

骨付きロース	豚の角煮	タウナギ炒め	目玉焼き *5
大排 ダーパイ	大肉 ダーロウ	鱔絲 シャンスー	荷包蛋 ホーバオダン

あぶら麸の肉づめ	肉と干し豆腐の芽み炒め	牛肉のカレー煮	雪菜と肉細切り炒め
面中塞肉 ミエン ジン サイ ロウ	辣肉 ラーロウ	咖哩牛肉 ガーリー ニウロウ	雪菜肉絲 シュエツァイ ロウスー

ナズナ入り大ワンタン	肉細切りと菜っぱの焼きそば	卵チャーハン	上海風炊きこみご飯
荠菜大餛飩 ジーツァイ ダー フンドゥン	肉絲菜炒面 ロウスー ツァイ チャオ ミエン	蛋炒飯 ダン チャオ ファン	菜飯 *6 ツァイ ファン

各国料理　各国菜（グーグオツァイ）

ビーフステーキ	スパゲティ	オニオンスープ	クロワッサン
烤牛排 カオ ニウ パイ	意大利面 イーダーリー ミエン	洋葱汤 ヤン ツォン タン	羊角 ヤン ジャオ

サラダ	フライドポテト	シュラスコ	トムヤムクン	お寿司
色拉 スーラー	薯条 シュー ティアオ	巴西烤肉 バーシー カオロウ	多萠功湯 ドゥオ インゴンタン	寿司 ショウスー

*5 中国流目玉焼きは、半分に折り畳んで両面をよく焼いたもの。　*6 チンゲンツァイと中国のソーセージ「香腸（シャンチャン）」をラードで炊き込んだもの。家庭料理の決定版でもある。

食事／文化／人間関係／トラブル／その他

43

お酒 酒 ジウ

お酒は飲めますか？	大酒飲みです	飲めません
你会喝酒吗？	我是海量	我一点都不喝
ニー ホイ ホー ジウ マ	ウオー シー ハイ リャン	ウオー イー ディエン ドウ ブ ホー

□を祝して(祈って)、乾杯！	健康を祝して	仕事の成功を祈って
为了你的□, 干杯！*1	身体健康	工作顺利
ウェイ ラ ニー ダ ガン ベイ	シェン ティー ジェン カン	ゴン ズオ シュン リー

一緒に飲みに行きましょう！	OK！	明日にしましょ
咱们一起去喝酒吧！	OK啦！	明天再说吧 *2
ザーメン イーチ チュー ホー ジウ バ	オー ケー ラ	ミン ティエン ザイ ショオ バ

酒

黄酒 *3	紹興酒	花 雕	女児紅
黄酒	绍兴酒	花雕	女儿红
ホアン ジウ	シャオ シン ジウ	ホア ディアオ	ニュー アル ホン

白酒 *4	マオタイ酒	汾 酒	五糧液
白酒	茅台酒	汾酒	五粮液
バイ ジウ	マオ タイ ジウ	フェン ジウ	ウー リャン イエ

リキュール	桂花陳酒	梅 酒	ベルモット
甜香酒	桂花陈酒	梅酒	味美思 *5
ティエン シャン ジウ	グイ ホア チェン ジウ	メイ ジウ	ウェイ メイ スー

ビール	青島ビール	サントリービール	リーボビール
啤酒	青岛啤酒	三得利啤酒 *6	力波啤酒
ピー ジウ	チン ダオ ピー ジウ	サンダーリー ピー ジウ	リーボー ピー ジウ

酒のさかな	枝豆の酒かす風味	中国風冷ややっこ
酒肴	糟毛豆	小葱拌豆腐
ジウ ヤオ	ザオ マオ ドウ	シャオ ツォン バン ドウフ

塩卵の黄味の鴨肉巻き	五香風味のゆでピーナツ	から付きえびの炒め煮
鸭肉蛋黄卷	五香花生米	白灼虾
ヤー ロウ ダン ホアン ジュエン	ウー シャン ホア シェン ミー	バイ ヂュオ シア

*1 中国人は乾杯上手。理由をつけては乾杯するが、人前では決して酔っ払いにならない。 *2 本当に"明日"があると思ってはいけません。 *3 アルコール度数18度前後の、米からつくられる酒を指す。 *4 アルコール度数50度前後、もしくはそれ以上の、雑穀をメインにつくられるスピリッツ。 *5 薬酒扱いで、上海ではポピュラー。 *6 ビールのシェアでは上海でトップを争うほど売れている。

バー 酒吧 ジウバー	ウイスキー 威士忌 ウェイシージー	ストレート 不加冰水 ブージアビンシェイ	オンザロック 加冰 ジアビン
生ビール*7 生啤 ションピー	シャンパン 香槟酒 シャンビンジウ	ジン 金酒 ジンジウ	ワイン 葡萄酒 プータオジウ
カクテル 鸡尾酒 ジーウェイジウ	マティーニ 马丁尼 マーディンニー	カンパリソーダ 鉅黎苏打 ジンバーリースーダー	ブラッディマリー 血腥玛丽 シエシンマーリー

お酒

ポップコーン "爆玉米" バオユイミー	ポテトチップス 薯片 シューピエン	フライドポテト 薯条 シューティアオ	ソーセージ 香肠 シャンチャン
クレープ*8 法式薄饼 ファーシーバオビン	ミックスナッツ 什锦果仁 シージングオレン	ピザ 比萨饼 ビーサービン	シェフサラダ 厨师色拉 チューシースーラー
ビリヤード 撞球 チュアンチウ	バーカウンター 吧台 バータイ	(クラブ)イベント 派对 パイドゥイ	ダンスホール 舞厅 ウーティン

食事 / 文化 / 人間関係 / トラブル / その他

バーは上海のナイトライフに欠かせない存在となっています。今ではジャズバーやサルサが踊れるクラブなど、ただお酒を飲むだけではなく、その日の気分や目的別にお店も選べちゃいます。ホンの10年前まではホテルのバーでしか安心して飲めなかったのがウソのようです。

＊7 北京でこれを言っても通じない。北京では「扎啤（ヂャーピー）」。＊8 最近、ちょっとしたカフェなどでも食べられるようになった。南昌路のクラブ、YY'sの1Fにあるカフェには、シュガー＆バターなど、オーソドックスなフレンチスタイルのものがあって結構びっくりだが、かなり厚手で味は……。

飲み物・デザート 饮料・甜点
インリャオ・ティエンディエン

中国茶 中国茶 ヂョングオ チャー	緑茶 *1 绿茶 リュー チャー	ウーロン茶 乌龙茶 ウーロン チャー	黒茶 黑茶 ヘイ チャー
ロンジン茶 (緑) 龙井茶 ロンジン チャー	碧螺春 (緑) 碧螺春 ビールオ チュン	鉄観音 (ウ) 铁观音 ティエ グアンイン	大紅袍 (ウ) 大红袍 ダーホンパオ
プーアル茶 (黒) 普洱茶 プーアル チャー	ジャスミン茶 茉莉花茶 モーリー ホァチャー	フルーツティー *2 水果茶 シュイグォ チャー	麦茶 *3 大麦茶 ダーマイチャー

飲み方いろいろ

工夫茶 工夫茶 ゴン フー チャー	カップで 用茶杯 ヨン チャーベイ	グラスで *4 用玻璃杯 ヨン ボーリーベイ	ネスカフェの瓶!? 用瓶子 ヨン ピンズ 持ち運びに便利

ソフトドリンク 软饮料 ルァン インリャオ

	オレンジジュース 橙汁 チョンヂー	コーラ 可乐 クーラー
コーヒー 咖啡 カーフェイ	紅茶 红茶 ホンチャー	トマトジュース 蕃茄汁 ファンチェヂー
ヨーグルト *5 酸奶 スァンナイ	酸梅湯ソーダ *6 雪菲力 シュエフェイリー	ミネラルウォーター 矿泉水 クァンチュェンシュイ

*1 上海でお茶といえばコレ。 *2 若い女の子の間で流行。ドライフルーツと菊花などをブレンドしてつくられる。 *3 ずっとすたれていたが近年復活。日本のものと同じように煮出してつくる。 *4 フルーツティーや花茶でやるとキレイ。 *5 中国では"飲む"ものです。 *6 コカコーラ上海の限定品だが、滅多に見つからないので、出会ったらかなりラッキー。

デザート・お菓子
甜品・点心
ティエンピン・ディエンシン

あめ	チョコレート	クッキー
糖 ダン	巧克力 チャオクーリー	曲奇 チューチー

クリームの乗ったケーキ	パルミエパイ	パウンドケーキ	アップルパイ
奶油蛋糕 ナイヨウダンガオ	胡蝶酥 フーディエスー	白脱蛋糕 バイトゥオダンガオ	苹果派 ピングオパイ

ナポレオン(パイ)	ホイップクリーム	アイスクリーム	カボチャの種
拿破仑 *7 ナーポールン	攒奶油 グアンナイヨウ (上海ではこれもおやつ!)	冰淇淋 ビンチーリン	瓜子 グアズ

ひまわりの種	タピオカココナッツミルク	タピオカミルクティー	アンニンドウフ
香瓜子 シアングアズ	西米露 シーミールー	珍珠奶茶 チェンチューナイチャー	杏仁豆腐 シンレンドウフ

上海の伝統的おやつとデザート(塩味も含む)

上海流草餅	八宝飯	月餅
青团 *8 チントゥアン	八宝饭 バーバオファン	月饼 ユエビン

肉ちまき	紅茶卵	五香豆	酒かす入り白玉スープ
鲜肉粽子 シエンロウゾンズ	茶叶蛋 チャーイエダン	五香豆 *9 ウーシャンドウ	酒酿圆子 ジウニャンユエンズ

焼き肉まん	緑豆のお菓子	ショウロンポー	黒ゴマ入り白玉団子
生煎包 ションジェンバオ	绿豆糕 リュウドウガオ	小笼包 シャオロンバオ	猪油汤团 チューヨウタンテン

味付けあひるの肝	くだものスープ		
鸭肫肝 ヤーチュンガン	水果羹 シュイグオゲン	皮を一口かじって最初にスープを吸おう!	美新汤团店のものがサイコー!

飲み物・デザート

食事 | 文化 | 人間関係 | トラブル | その他

*7 日本だとパイにカスタードクリームをはさみ、上に生クリームと苺でデコレートしてあるが、上海のはバタークリームとプラリネとチョコレートを挟んだものが普通。 *8 清明節のお菓子。"草"はチンゲンサイがメイン。 *9 空豆に味付けして乾かしたもの。豫園のが有名。

食材 食品 シーピン

食材に関係する店

糧食店 *1 粮食店 リャンシーディエン	食材の自由市場 菜市場 ツァイシーチャン	副食品店 副食品店 フーシーピンディエン
くだもの屋 水果店 シュイグオディエン	スーパーマーケット *2 超级市场 チャオジーシーチャン	乾物や調味料の店 南货店 ナンフオディエン	中国流デリカテッセン 熟食店 シューシーディエン

肉・家禽 肉・家禽 ロウ ジアチン

豚肉 猪肉 チューロウ	牛肉 牛肉 ニウロウ	羊肉 羊肉 ヤンロウ
とり肉 鸡肉 ジーロウ	ハト 鸽肉 グーロウ	あひる 鸭肉 ヤーロウ	ウコッケイ 乌骨鸡肉 ウーグージーロウ

魚類 水产・海鲜类 シュイチャン ハイシェンレイ

コイ 鲤鱼 リーユイー	タウナギ 鳝鱼 シャンユイー	ケツギョ 桂鱼 グイユイー
マナガツオ 鲳鱼 チャンユイー	タチウオ 带鱼 ダイユイー	イカ 墨鱼 モーユイー	エビ 虾 シア

穀物 粮食 リャンシー

米 大米 ダーミー	薄力粉 面粉 ミエンフェン	強力粉 富强粉 フーチアンフェン	アワ 小米 シャオミー

48 *1 米のほかに小麦粉、生麺、ワンタンの皮など、糧食関係のものを売っている。 *2 自由市場と比べると、生鮮品の鮮度がイマイチ。

食材

野菜 蔬菜 シューツァイ	にんじん 胡萝卜 フーロォボ	トマト 番茄 ファンチエ	たまねぎ 洋葱 ヤンツォン
大根 萝卜 ルォボ	じゃがいも 土豆儿 トゥードウー	なす 茄子 チエズ	ニンニク 大蒜 ダースヮン
きゅうり 黄瓜 ホァングァ	タケノコ 笋 スン	シイタケ 香菇 シャングー	マッシュルーム 蘑菇 モーグー
しょうが 姜 ジアン	ねぎ*3 葱 ツォン	もやし 豆芽 ドウヤー	いんげん 刀豆 ダオドウ
ほうれん草 菠菜 ボーツァイ	チンゲンサイ 青菜 チンツァイ	トウミョウ 豆苗 ドウミャオ	シロツメグサ 草头*4 ツァオトウ

大豆製品 豆制品 ドウヂーピン	とうふ 豆腐 ドウフ	厚揚げ 油豆腐 ヨウドウフ	押し豆腐 豆腐干 ドウフガン

くだもの*5 水果 シュイグォ	りんご 苹果 ピングォ	みかん 桔子 ジューズ	バナナ 香蕉 シャンジャオ
パイナップル 菠萝 ボーロォ	ヤマモモ 杨梅 ヤンメイ	ライチー 荔枝 リーヂー	ネクタリン 油桃 ヨウタオ

食事／文化／人間関係／トラブル／その他

*3 上海でネギと言えば細くて小さいやつのこと。大きいネギは「大葱（ダーツォン）」。 *4 塩味で炒め、仕上げに白酒をたらして仕上げる。 *5 ここに挙げたもの以外の果物は、漢字で大体通じる。

若者文化 青年文化
チンニエンウエンホア

どんな映画が好きですか？
你喜欢看什么电影？
ニー シー ホアン カン シェンマ ディエンイン

ハリウッド映画 好莱坞电影 *1 ハオ ライ ウー ディエンイン	香港映画 香港电影 シャン ガン ディエンイン
日本映画 日本电影 リーベン ディエンイン	韓国映画 韩国电影 *2 ハングオ ディエンイン

コメディ 喜剧片 シージュー ピエン	ホラー 恐怖片 ユンブー ピエン	ラブストーリー 爱情片 アイチン ピエン	アクション 动作片 ドンズオ ピエン

どんな音楽が好きですか？
你喜欢听什么音乐？
ニー シー ホアン ティン シェンマ インユエ

ジャズ 爵士乐 ジュエシー ユエ	香港・台湾ポップス 港台歌曲 ガンタイ ゴーチュー	ロック 摇滚乐 ヤオグン ユエ
伝統音楽 民族音乐 ミンズー インユエ	テクノ 电子乐 ディエンズ ユエ	日本の歌 日本歌曲 リーベン ゴーチュー

ヒマなとき何してますか？
你休闲时候一般干什么？
ニー シュウ シェン シー ホウ イーバン ガン シェンマ

テレビを見る 看电视 カン ディエンシー	マンガを読む 看漫画 カン マンホア
読書をする 看书 カン シュー	インターネットをする 上网 *3 シャン ワン
TVゲームをする 玩电子游戏 ワン ディエンズー ヨウシー	カラオケをする 唱卡拉OK チャン カーラー オーケー

*1 「スチュアート・リトル」は「鼠小弟（シューシャオディー）」、「スパイダーマン」は「蜘蛛侠（ヂーヂューシア）」という。 *2 最近、韓国映画の人気が高まり、日本映画と並ぶ勢いだ。 *3 ネットカフェは「网吧（ワンバー）」、「ヤフー」は「雅虎（ヤーフー）」。

あいさつ / 移動 / 時間数字 / 買物観光 / 食事 / 文化

青年文化

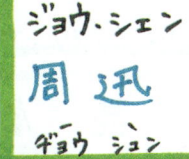

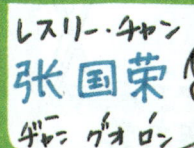

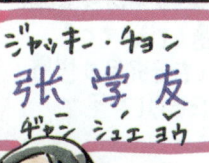

好きなスターは誰ですか？
你喜欢的明星是谁？

チャン・ツーイー 章子怡	ニコラス・ツェー 谢霆锋	ジョウ・シェン 周迅	セシリア・チャン 张柏芝
ジャッキー・チェン 成龙	ヴィッキー・チャオ 赵薇	チャウ・シンチー 周星驰	アンディ・ラウ 刘德华
レスリー・チャン 张国荣	イーキン・チェン 郑伊健	レオン・ライ 黎明	スー・チー 舒淇

好きな歌手は誰ですか？
你喜欢的歌手是谁？

ジャッキー・チョン 张学友	フェイ・ウォン 王菲	ケリー・チャン 陈慧琳	
ナー・イン 那英	アーメイ 张惠妹	ジェフ・チャン 张信哲	

どんなTVゲームが好きですか？
你喜欢哪类的电子游戏？

アクションもの 动作类	シミュレーションもの 模拟类
RPGもの 人物扮演类	アドベンチャーもの 冒险类

若者文化

伝統文化 传统文化
チュアントンウエンホア

あなたは中国の伝統文化に興味がありますか？
你对中国的传统文化有兴趣吗?
ニー ドゥイ チョングオ ダ チュアントンウエンホア ヨウ シンチュマ

はい	まあまあ	ありません
有 ヨウ	一般 イーバン	没有 メイヨウ

京劇 京剧 ジンジュー	昆劇 昆曲*1 クンチュー	中国画 国画 グオホア
書道 书法 シューファー	茶道 茶艺 チャーイー	民族音楽 民族乐 ミンズウユエ
武術 武朮 ウーシュー	建築 建筑 ジエンヂュー	民族衣裳 民族服装 ミンズウフーヂュアン

上海文化 海派文化 バイパイウエンホア

1930年代、上海が名実ともに東洋一の大都市だった頃にできた言葉。租界を通して入ってくる外国文化と中国文化を融合した独自の世界観を指す。以降上海で誕生したものは全て"海派"と呼ばれるようになった。

海派文化で代表的なもの・人

点石斉画報 点石斋画报*2 デェンシーヂァイホアバオ	周璇 周璇*3 ヂョウ シュエン	張愛玲 张爱玲*4 ヂャン アイ リン
阮玲玉 阮玲玉*5 ルアン リン ユイ	上海デザインのチャイナドレス 海派旗袍 バイパイチーパオ	上海デザインの家具 海派家具 バイパイジアージュー

あいさつ / 移動 / 時間・数字 / 買物・観光 / 食事 / 文化

伝统文化

*1 江蘇省昆山発祥の地方劇。上海人は京劇よりもこっちが"雅"で好き。 *2 1884年に創刊された上海風かわら版。海派文化の元になったともいわれる。 *3 30〜40年代に活躍した女優・歌手。50年代に狂死。 *4 封建とモダンのはざまに揺れる女心を描写した、海派小説家のパイオニア。 *5 30年代の女優。スキャンダルにより自殺。ファンの後追い自殺は社会問題ともなった。

52

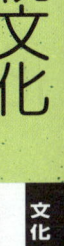

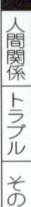

租界
租界 ズージエ A.D 1843〜1949

上海を語る上で租界は欠かせません。1842年アヘン戦争に負けた清朝政府が上海を含む5港を開港したことがきっかけで、イギリス、アメリカ(のちに共同租界に)、フランスがそれぞれの租界を築き中華人民共和国成立の1949年まで続きました。

フランス租界
法租界 ファーズージエ

- プラタナス **法国梧桐** ファーグオウートン
- アベニュー・ジョッフル **霞飞路***6 シアフェイルー
- フレンチ・クラブ **法国总会***7 ファーグオゾンホイ

共同租界
公共租界 ゴンゴンズージエ

- ガーデン・ブリッジ **外白渡桥** ワイバイドゥーチャオ
- 南京路 **大马路** ダーマールー
- キャセイホテル **沙逊大厦***8 シャースンダーシャー

中国人地区
华界 ホアジエ

- 城隍廟 **城隍庙** チョンボアンミャオ
- 书隐楼 **书隐楼***11 シューインロウ
- 孔子廟 **文庙** ウェンミャオ

日本人居留区
日本人居留区*9 リーベンレンジューリウチュー

- 横浜橋 **横滨桥***10 ウンバンチャオ
- 内山書店 **内山书店***12 ネイシャンシューディエン
- 虫干しマーケット **三角地菜场** サンジャオディーツァイチャン

伝統文化

文化 / 人間関係 / トラブル / その他

*6 現在の淮海中路。 *7 現在の花園飯店。 *8 現在の和平飯店北楼。 *9 日本租界は通称で、実在しない。 *10 日本の横浜とは関係なし。 *11 上海で唯一、ほぼ完璧に残されている清代の邸宅建築。 *12 元宣教師の内山完造が開いた書店で、中国文芸界のサロン的役割を果たした。

53

日本の文化 日本文化
リーベンウエンホア

～を知ってますか？	～が好きですか？	～は人気がありますか？
知道～吗？	喜欢～吗？	～受欢迎吗？
ヂーダオ マ	シーホアン マ	ショウホアンイン マ

日本文化に興味がありますか？
你对日本文化有兴趣吗？
ニー ドゥイ リーベン ウエンホア ヨウ シン チュ マ

- ぜーんぜん → 没有 メイヨウ
- ま～ね～ → 还可以 ハイクーイー
- もちろん！ → 当然！ダンラン

日本食 日本菜 リーベンツァイ	すし 寿司 ショウスー	刺身 生鱼片 ションユーピェン	みそ汁 酱汤 ジャンタン
日本のラーメン 日本拉面 リーベンラーミエン	牛丼 牛肉盖交饭 ニウロウガイジャオファン	天ぷら 天麸罗 ティエンフーロ	日本酒 日本酒 リーベンジウ

伝統文化 传统文化 チュアントンウエンホア	歌舞伎 歌舞伎 グーウージー	俳句 俳句 パイジュー	相撲 相扑 シアンプー
武士道 武士道 ウーシーダオ	和服 和服 ホーフー	温泉 温泉 ウェンチュエン	富士山 富士山 フーシーシャン

日本映画	日本のトレンディドラマ	日本のTVゲーム
日本电影	日本偶像剧场	日本电子游戏
リーベン ディエンイン	リーベンオウシアンジューチャン	リーベンディエンズヨウシー
日本のマンガ、アニメ	Jポップ♪	日本車
日本卡通	日本歌	日本车
リーベン カートン	リーベン グー	リーベン チョー

あなたの好きな日本のスターは？
你喜欢的日本明星是谁？
ニー シーホアンダ リーベン ミンシンシーシェイ

*1

木村拓哉	浜崎あゆみ	中山美穂	宇多田ヒカル
木村拓哉	滨崎步	中山美穗	宇多田光
ムーツン トウオザイ	ビンチーブー	ヂョンシャンメイスイ	ユードゥオティエングアン
中田英寿	金城武	高倉健	山口百恵
中田英寿	金城武	高仓健	山口百惠
ヂョンティエンインショウ	ジンチョンウー	ガオツァンジェン	シャンコウバイホイ

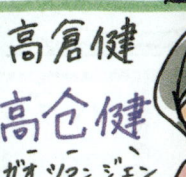

日本の文化

文化 / 人間関係 / トラブル / その他

「ラブレター」	「千と千尋の神隠し」	「クレヨンしんちゃん」
情书 *2	神隐少女	蜡笔小新
チン シュー	シェンインシャオニュー	ラービーシャオシン
「ちびまる子ちゃん」	「シャルウイダンス？」	「ドラえもん」
樱桃小丸子	让我们跳舞吧	小叮当
インタオシャオワンズ	ランウォメンティアオウーバ	シャオディンダン

*1 他に意外に知られているのは酒井法子、友坂理恵（ともさかりえ）、往年のスターでは中野良子、栗原小巻、三浦友和など。
*2 岩井俊二監督の本作品は、上海の若者の間で大ブレイク。

経済・ビジネス会話

经济・业务会话
ジンジー・イエウーホイホア

邓小平 (鄧小平 / ドン シァオピン)

白猫であろうが黒猫であろうがネズミをとる猫が良い猫だ
不管白猫黑猫, 能抓到老鼠, 就是好猫
ブーグアンバイマオヘイマオ ノンヂュアーダオラオシュー ジウシーハオマオ

一部の者が先に豊かになり、それから皆で豊かになる
让一部分人先富起来, 然后走共同富裕的道路
ランイーブーフェンレンシェンフーチライ ランホウゾウゴンドンフーユーダダオルー

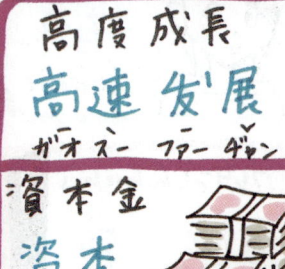

← 東方明珠タワー
东方明珠塔
ドンファンミンヂューター

金茂大厦 →
金茂大厦
ジンマオダーシャー

高度成長	バブル経済	デフレ
高速发展	泡沫经济	通货紧缩
ガオスーファーヂャン	パオモージンジー	トンフオジンスオ
資本金	コスト	赤字
资本	成本	亏本
ズーベン	チョンベン	クイベン
黒字	儲ける	損する
盈余	赚钱	亏损
インユー	ヂュアンチェン	クイスン

あいさつ / 移動 / 時間・数字 / 買物・観光 / 食事 / 文化 / 経済・業務会話

株 股票 グーピャオ

どんな株を買ったらいいですか？
买什么股票比较好呢？
マイ シェンマ グー ピャオ ビー ジャオ ハオ ナ

A株	B株	上海平均株価指数
A股* エイ グー	**B股** ビー グー	**上证指数** シャンヂォン ヂー シュウ

株を売買する	市場が値上がり傾向	市場が値下がり傾向
炒股 チャオ グー	**牛市** ニュウ シー	**熊市** シオン シー

不動産 房地产 ファンディーチャン

投資価値のある物件はありますか？
有没有值得投资的房产？
ヨウ メイ ヨウ ヂーダ トウズーダ ファンチャン

マイホーム	マンション	中古住宅
私房 ズー ファン	**公寓** ゴン ユー	**二手房** アール ショウ ファン

外国人向け住宅	部屋を借りる	部屋を買う
外销房 ワイ シャオ ファン	**租房** ズー ファン	**购房** ゴウ ファン

貿易 贸易 マオイー

うちと取引しませんか？
和我们进行交易吗？
ホー ウォ メン ジン シン ジャオ イー マ

輸入	輸出	製品
进口 ジン ゴウ	**出口** チュー ゴウ	**产品** チャン ピン

サンプル	工場	海外貿易
样品 ヤン ピン	**工厂** ゴン チャン	**外贸** ワイ マオ

経済・ビジネス会話

文化 / 人間関係 / トラブル / その他

* 中国の株はA株とB株に分かれていて、B株は外国人投資家専用だったが、近年中国人でも買えるようになった。

家族・友だち

家族・朋友
ジアズー・ポンヨウ

家族	家属	ジアシュー
ペット	宠物	チョンウー
祖父 *1 〈父方〉	爷爷	イエイエ
祖父 *1 〈母方〉	外公	ワイゴン
祖母 *1 〈父方〉	奶奶	ナイナイ
祖母 *1 〈母方〉	外婆	ワイポー
父 *2	爸爸	バーバー
母 *2	妈妈	マーマー
妹	妹妹	メイメイ
弟	弟弟	ディディ
私	我	ウオ
姉	姐姐	ジェジェ
兄	哥哥	グーグー
娘	女儿	ニューアール
息子	儿子	アールズ
妻	妻子	チーズ
夫	丈夫	ヂャンフー
子供	孩子	ハイズ
従兄（父方）	堂哥	ダンゴー
従兄（母方）	表哥	ビャオゴー
従姉（父方）	堂姐	ダンジェ
従姉（母方）	表姐	ビャオジェ
従弟（父方）	堂弟	ダンディ
従弟（母方）	表弟	ビャオディ
従妹（父方）	堂妹	ダンメイ
従妹（母方）	表妹	ビャオメイ

＊1 かしこまった言い方で 爷爷→祖父（ズーフー）、外公→外祖父（ワイズーフー）、奶奶→祖母（ズームー）、外婆→外祖母（ワイズームー）とも言う。 **＊2** ジジババと同じく、爸爸→父亲（フーチン）、妈妈→母亲（ムーチン）とも言う。成人してる人なら、こっちを使ったほうが「きちんとした人」という印象を持ってもらえるはず。

家族・友だち

よく聞かれます

給料はいくらですか？
毎月的工资是多少？ *3
メイガユエダゴンズーシードウオシャオ

（日本円で）だいたい～万円です
大概～万日元
ダーガイ　ワンリーユエン

秘密です
保密！
バオミー

あててみて
你猜猜看
ニーツァイツァイカン

誰と住んでいますか？
你和谁住在一起？
ニーホーシェイヂューザイイーチー

夫と	妻と	両親と	ひとり暮らし
和我先生	**和我太太**	**和父母亲**	**单身生活**
ホーウオシェンション	ホーウオタイタイ	ホーフームーチン	ダンシェンションフオ

ペットを飼っていますか？ →⑭ *4
你家养宠物吗？
ニージアヤンチョンウーマ

| 犬 | **狗** | ゴウ |
| 猫 | **猫** | マオ |

あなたに～はいますか？
你有没有～？
ニーヨウメイヨウ

あの人とはどういう関係ですか？
你和他是什么关系呀？
ニーホーターシーシェンマグアンシーヤ

昔からの友人	親友	ただの友人
老朋友	**好朋友**	**一般的朋友**
ラオポンヨウ	ハオポンヨウ	イーバンダポンヨウ

恋人（男）	恋人（女）	同僚	同級生
男朋友	**女朋友**	**同事**	**同学**
ナンポンヨウ	ニューポンヨウ	トンシー	トンシュエ

家族・友だち　人間関係　トラブル　その他

---

*3 中国では給料はプライバシーという概念がないため。その他「これ、どこで買った？ いくら？」などという質問もよくある。そのあとに必ず「高い！」、「安い！」と批評が入るのも中国流。　*4 上海では最近ペットを飼う人が急増中。

家 家 ジア

居間 客庁 クァンティン

歴史的関係上、上海の家はヨーロッパスタイルが基本です。だからインテリアも欧米式が主流となっています。

エアコン	空調	コンティアオ
ライト	灯	ドン
キャビネット	厨柜	チューグイ
ドア	门	メン
カーペット	地毯	ディータン
クッション	靠垫	カオディエン
テレビ	电视机	ディエンシージー
ソファー	沙发	シャーファー
テーブル	桌子	ヂュオズ

上海にあるいろいろな住宅スタイル

石庫門住宅	石库门住宅	シークーメンヂューヂァイ
横丁	弄堂	ロンタン
庭付き一戸建て	花园住宅	ホアユエンヂューヂァイ
テラスハウス	新式里弄	シンシーリーロン
里弄式住宅 *1	里弄住宅	リーロンヂューヂァイ
高層アパート	高层楼房	ガオツォンロウファン
アパートメント	公寓	ゴンユイ
平屋建て	平房	ピンファン
階段	楼梯	ロウティー
バルコニー	阳台	ヤンタイ
古い洋館 *2	老洋房	ラオヤンファン

*1 上海独特のテラスハウス式長屋。　*2 今、一番不動産価値があるのがこれ。

家

台所 厨房 チューファン

- ガスレンジ 煤气灶 メイチーザオ
- 電子レンジ 微波炉 ウェイボーレー
- 冷蔵庫 冰箱 ビンシャン
- 中華鍋 炒锅 チャオグオ
- オーブン 烤箱 カオシャン

浴室 浴室 ユーシー

- シャワー 淋浴 リンユィー
- バスタブ 浴缸 ユィーガン
- 便器 便桶 ビェントン
- 洗面台 洗脸台 シーリェンタイ
- 上海式おまる 马桶 マートン *3

寝室 卧室 ウォーシー

- カーテン 窗帘 チュアンリェン
- サイドランプ 台灯 タイドン
- まど 窗户 チュアンフー
- まくら 枕头 ヂェントウ
- ベッド 床 チュアン

人間関係 | トラブル | その他

＊3 里弄住宅や昔の中国人街には、トイレのある家が少ないので、住人はこの馬桶を使う。最初使う時はビビると思うが、慣れれば大したことはない。しかし、最近はこういう古い家がどんどん壊されてるので、体験するなら今のうちかも。

61

ひとの性格 人的性格
レンダシングー

あなたはとても〜だ	あなたはあまり〜でない
你很〜 ニーヘン	你不大〜 ニーブーダー

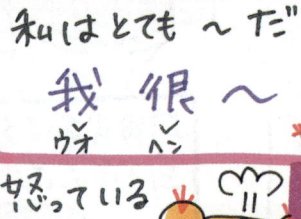

やさしい	気が強い	ずうずうしい	謙虚だ
温柔 ウェンロウ	剛強 ガンチアン	脸皮厚 リェンピーホウ	谦虚 チェンシュー
社交的	内交的	けちだ	気前がいい
外向 ワイシャン	内向 ネイシャン	小气 シアオチー	大方 ダーファン
正直だ	うそつきだ	礼儀がない	礼儀正しい
老实 ラオシー	撒谎 サーホアン	没礼貌 メイリーマオ	有礼貌 ヨウリーマオ
スマートだ	やぼったい	なまけ者だ	働き者だ
潇洒 シアオサー	土 トゥ	懒 ラン	勤劳 チンラオ

私はとても〜だ		うれしい
我很〜 ウォヘン		高兴 ガオシン
怒っている 生气 ションチー	悲しい 悲伤 ベイシャン	ハッピーだ 开心 カイシン

側タブ: あいさつ／移動／時間／数字／買物／観光／食事／文化／人間関係／人的性格

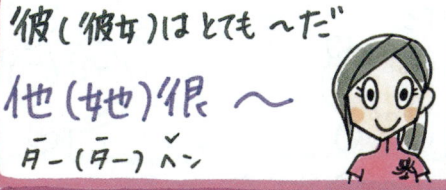

彼(彼女)はとても〜だ	彼(彼女)はあまり〜でない
他(她)很〜 ターー(ターー)ヘン	他(她)不大〜 ターー(ターー)ブーダー

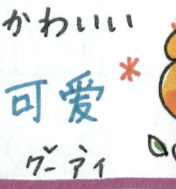

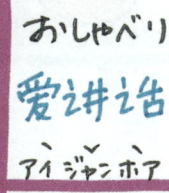

かっこいい(男)	きれい(女)	クール!
帥 シュァィ	靚 リァン	酷 クー
勇気がある 勇敢 ヨンガン	かわいい 可愛* クーァィ	ロマンチック 浪漫 ランマン
おかしい 好玩 ハオワン	おしゃべり 愛講話 アィジァンホァ	無口 沉黙寡言 チェンモーグァィエン
変だ 奇怪 チーグァィ	進んでいる 開放 カィファン	まじめ 認真 レンヂェン
落ちつきがない 浮躁 フーザオ	醜い 難看 ナンカン	遠慮深い 客気 クーチー

スゴイ!	グレイト!キュート!	バカ!		オーマイがッ!
真棒! ヂェンバン	好酷Q! ハオキュー	傻B! シャアビー		天哪! ティエンナ

ひとの性格

人間関係 | トラブル | その他

* 他にも"かしこい"、"ステキ"などと言う時に使うこともある。

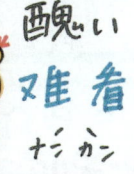

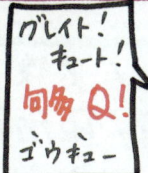

病気・からだ

生病・身体
ションビン・シェンティ

あいさつ / 移動 / 時間 / 数字 / 買物 / 観光 / 食事 / 文化 / 人間関係 / トラブル

生病・身体

具合がわるい	身体不舒服	シェンティ ブ シューフー
カゼをひいた	感冒了	ガンマオラ
熱がある	发烧了	ファーシャオラ
吐き気がする	想吐	シャントゥー
食欲がない	没有胃口	メイヨウウェイコウ
下痢している	拉肚子	ラードゥーズ
せきが出る	咳嗽	クーソウ
頭が痛い	头疼	トウトン
だるい	浑身无力	フンシェンウーリー
眠い	困	クン
眠れない	失眠	シーミェン
けがをした	受伤了	ショウシャンラ

病院に行きたいです
我想去医院
ウォ シャン チュー イーユエン

病院につれていって下さい
请带我去医院
チンダイ ウォ チュー イーユエン

救急車を呼んで下さい
请叫救护车
チン ジャオ ジウフーチョー

入院する
住院
ジューユエン

薬を飲みました
吃过药
チーグオヤオ

一日〜回
一天吃〜次
イーティエンチー 〜 ツー

アレルギー
过敏
グオミン

薬を下さい
请给我药
チンゲイ ウォ ヤオ

食前／食後
饭前／饭后
ファンチェン／ファンホウ

(ここ)が痛いです
我觉得(这里)疼
ウォ ジュエ ダ (ジョーリー) トン

とても痛い	很疼
	ヘン トン
すこし痛い	有点儿疼
	ヨウディエールトン

からだ	身体	ジェン ディ

頭	头	トウ

髪	头发	トウ ファー

舌	舌头	ショートウ
歯	牙齿	ヤーチー
肩	肩膀	ジェンバン
胸	胸	シオン
お腹	肚子	ドゥーズ
背中	背	ベイ
腰	腰	ヤオ
尻	屁股	ピーグー
肛門	肛门	ガンメン

骨	骨头	グートウ
皮膚	皮肤	ピーフー

目	眼睛	イェンジン
鼻	鼻子	ビーズ
口	嘴	ズイ
耳	耳朵	アールドゥオ
首	脖子	ボーズ
のど	嗓子	サンズ
手	手	ショウ
指	手指	ショウヂー
ひじ	肘	ヂョウ
へそ	肚脐	ドゥーチー
もも	大腿	ダートゥイ
足	脚	ジャオ

病気・からだ

トラブル

その他

病院・内臓　医院・内脏　イーユエン・ネイザン

具合が悪い 身体不舒服 シェンティーブーシューフ	心配いりません 不要紧 ブーヤオジン
アレルギー体質です 我是过敏体质的 ウォーシーグオミンティーヂーダ	妊娠 □ ヶ月です 妊娠 □ 个月 レンチェン　ガユエ

病院 医院 イーユエン	薬局 药房 ヤオファン	救急車 救护车 ジウフーチョー
手術（をする） (动)手术 (ドン)ショウシュー	医者 医生 イーション	漢方医 中医 →68 ヂョンイー
カルテ 病历 ビンリー	診断書 诊断书 ヂェンドアンシュー	処方せん 药方 ヤオファン

かぜ 感冒 ガンマオ	肺炎 肺炎 フェイイエン	気管支炎 支气管炎 ヂーチーグアンイエン
胃腸炎 肠胃炎 チャンウェイイエン	A型肝炎 病毒性肝炎 ビンドゥーシンガンイエン	B型肝炎 乙肝 イーガン
じんましん 荨麻疹 シュンマーヂェン	やけど 火伤 フォーシャン	ねんざ 扭伤 ニウシャン
盲腸炎 盲肠炎 マンチャンイエン	ぜんそく 哮喘 シャオチュアン	貧血 贫血 ピンシエ

注射 打针 ダーヂェン	点滴 点滴 ディエンディー	輸血 输血 シューシエ
聴診する 听诊 ティンヂェン	レントゲン X光 エックスグアン	血圧（をはかる） (量)血压 (リャン)シエヤー

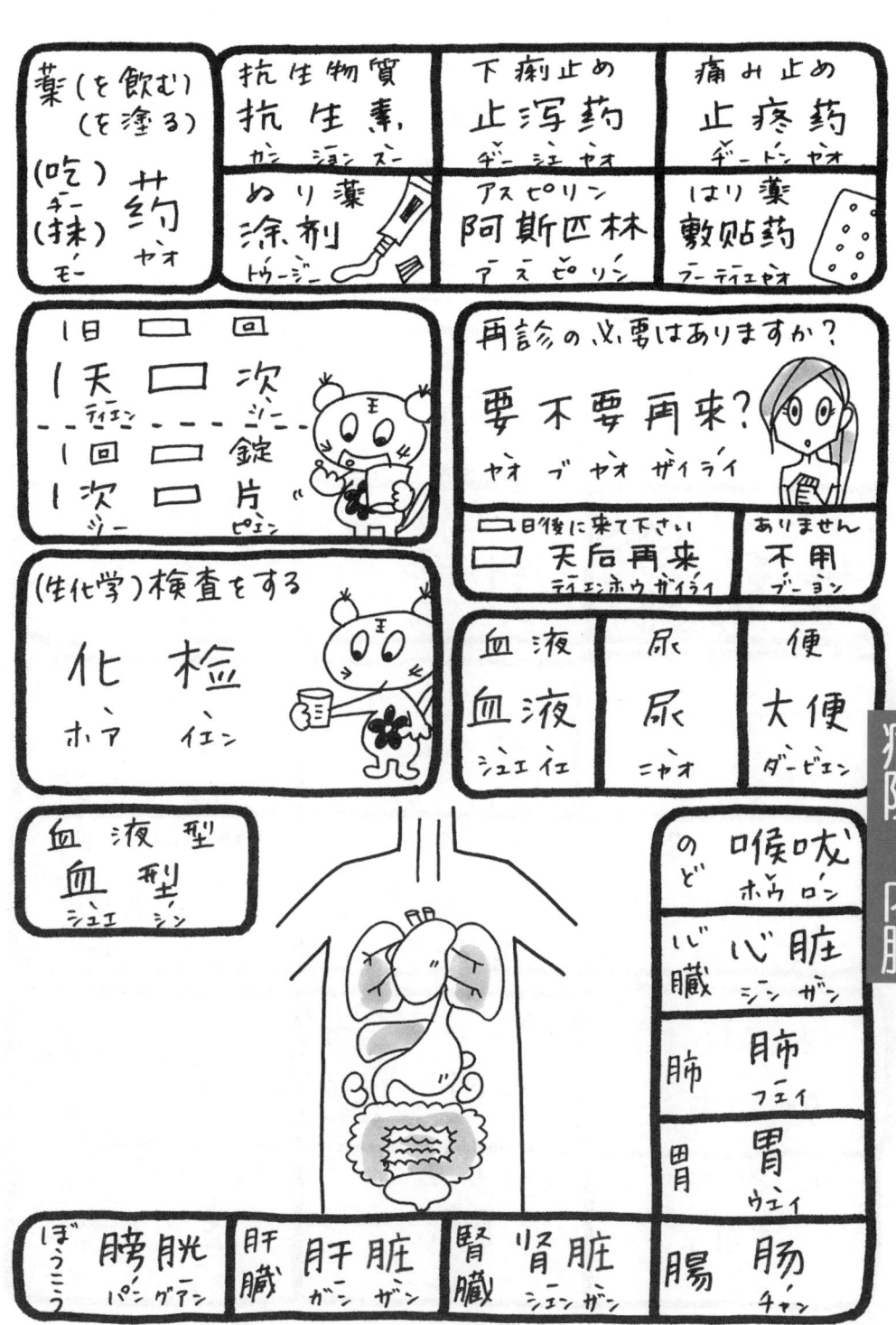

病院・内臓

薬（を飲む）（を塗る）(吃)(抹) 药 チー/モー ヤオ	抗生物質 抗生素 カンションスー	下痢止め 止浮药 デーシャヤオ	痛み止め 止疼药 デートンヤオ
	ぬり薬 涂剂 トゥージー	アスピリン 阿斯匹林 アスピリン	はり薬 敷貼药 フーティエヤオ

1日 □ 回
1天 □ 次
イーティエン シー
1回 □ 錠
1次 □ 片
イーツー ピエン

再診の必要はありますか？
要不要再来？
ヤオ ブ ヤオ ザイライ

□日後に来て下さい
□ 天后再来
ティエンホウザイライ

ありません
不用
ブーヨン

(生化学)検査をする
化 検
ホア イエン

血液 血液 シュエイエ	尿 尿 ニャオ	便 大便 ダービェン

血液型
血 型
シュエ シン

| のど 喉咙 ホウロン |
| 心臓 心脏 シンザン |
| 肺 肺 フェイ |
| 胃 胃 ウェイ |

| ぼうこう 膀胱 パングアン | 肝臓 肝脏 ガンザン | 腎臓 肾脏 シェンザン | 腸 肠 チャン |

トラブル / その他

漢方医 中医 ヂョンイー

中国で中医(漢方医)は完全に医学の一部で、総合病院でも必ず中医科を併設し、病状に合わせて主持医を西洋医か中医かにふり分けます。もちろん中医専門の大病院もあります。

漢方医の主な治療方法	漢方薬 中药 ヂョンヤオ	気功 气功 チーゴン
あんま*1 推拿 トゥイナー	針きゅう 针灸 ヂェンジウ	針を打つ 扎针 ヂャーヂェン

せんじ薬 いろいろ

	先にせんじる*2 先煎 シェンジェン	後にせんじる*3 后煎 ホウジェン
せんじ薬 煎药 ジェンヤオ	せんじ鍋 煎锅 ジェングオ	代理せんじサービス 代煎*4 ダイジェン

症状・処方

	熱している 热性 ルーシン	冷えている 寒性 ハンシン
おぎなう 补 ブー	取り去る 除 チュー	衰弱している 虚 シュー*5

※ スポーツマッサージの世界にも進出している。※2 成分が出にくいものに用いる。※3 成分が飛びやすいものに用いる。※4 病院が患者の代わりに煎じてくれるサービス。1回ごとのパック詰めにしてくれる。※5 あくまで臓器の衰弱を指している。

問診	舌を見せて下さい	脈を見ます	注意!!
门诊 メン ヂェン	给我看看舌头 ゲイウォーカンカンシートウ	我看看脉搏 ウォーカンカンマイボー	① 行く前に薬は飲まない ② なるべくノーメイクで行く

ちょっと大きな薬局では、曜日を決めて各科の専門医が出張問診をしてくれます。これなら旅行者も気楽に相談でき、すぐに薬もでるので便利です。

星期一・三
上海中医药大学
张志强教授
(妇科・小儿科)
…

のどは乾きますか？	冷たい物を欲しがりますか？	肉が特に好きですか？
口渴不渴？ コウ ヴーブ クー	爱喝凉的吗？ アイホー リャンダマ	特爱吃肉吗？ トゥーアイ チー ロウマ

辛いものは好きですか？	暑がり : 寒がり	(女性の場合)妊娠/出産回数
爱吃辣的吗？ アイチー ラー ダマ	爱热 : 爱冷 アイルー : アイルン	怀孕口次/分娩口次 ホアイユン シー / フェンミェン シー

医食同源
医食同源
イー シー トン ユエン

中国では、体の不調は普段の食事も原因と考えられ、体調に合った食材をとることで、体を正しい状態にしようという思想があります。たとえば寒気がする時には、熱性のものを食べればいいという具合です。

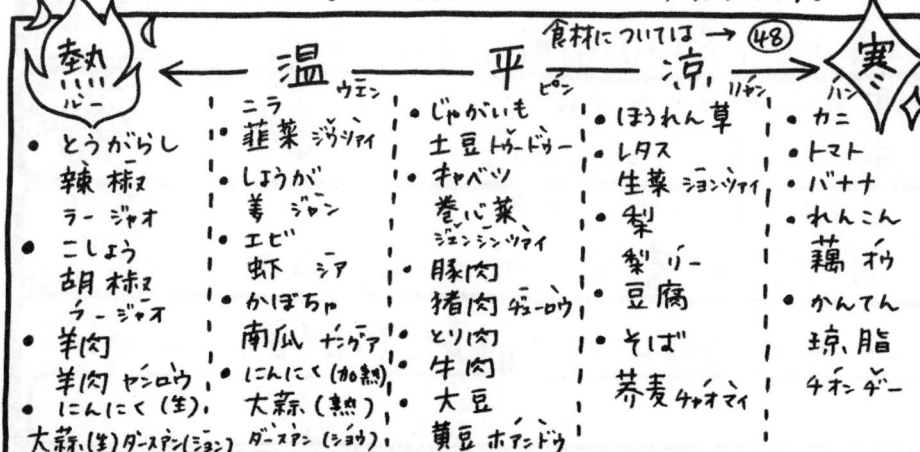

食材については→48

熱 ルー ← 温 ウェン — 平 ピン — 涼 リャン → 寒 ハン

- とうがらし 辣椒 ラージャオ
- こしょう 胡椒 フージャオ
- 羊肉 羊肉 ヤンロウ
- にんにく(生) 大蒜(生) ダースァン(ション)

- ニラ 韭菜 ヂウツァイ
- しょうが 姜 ジャン
- エビ 虾 シア
- かぼちゃ 南瓜 ナングア
- にんにく(加熱) 大蒜(熟) ダースァン(ショウ)

- じゃがいも 土豆 トゥードウ
- キャベツ 巻心菜 ヂュエンシンツァイ
- 豚肉 猪肉 ヂューロウ
- とり肉
- 牛肉
- 大豆 黄豆 ホァンドウ

- ほうれん草
- レタス 生菜 ションツァイ
- 梨 梨 リー
- 豆腐
- そば 荞麦 チァオマイ

- カニ
- トマト
- バナナ
- れんこん 藕 オウ
- かんてん 琼脂 チォンヂー

漢方医

トラブル
その他

トラブル 出事(チューシー)

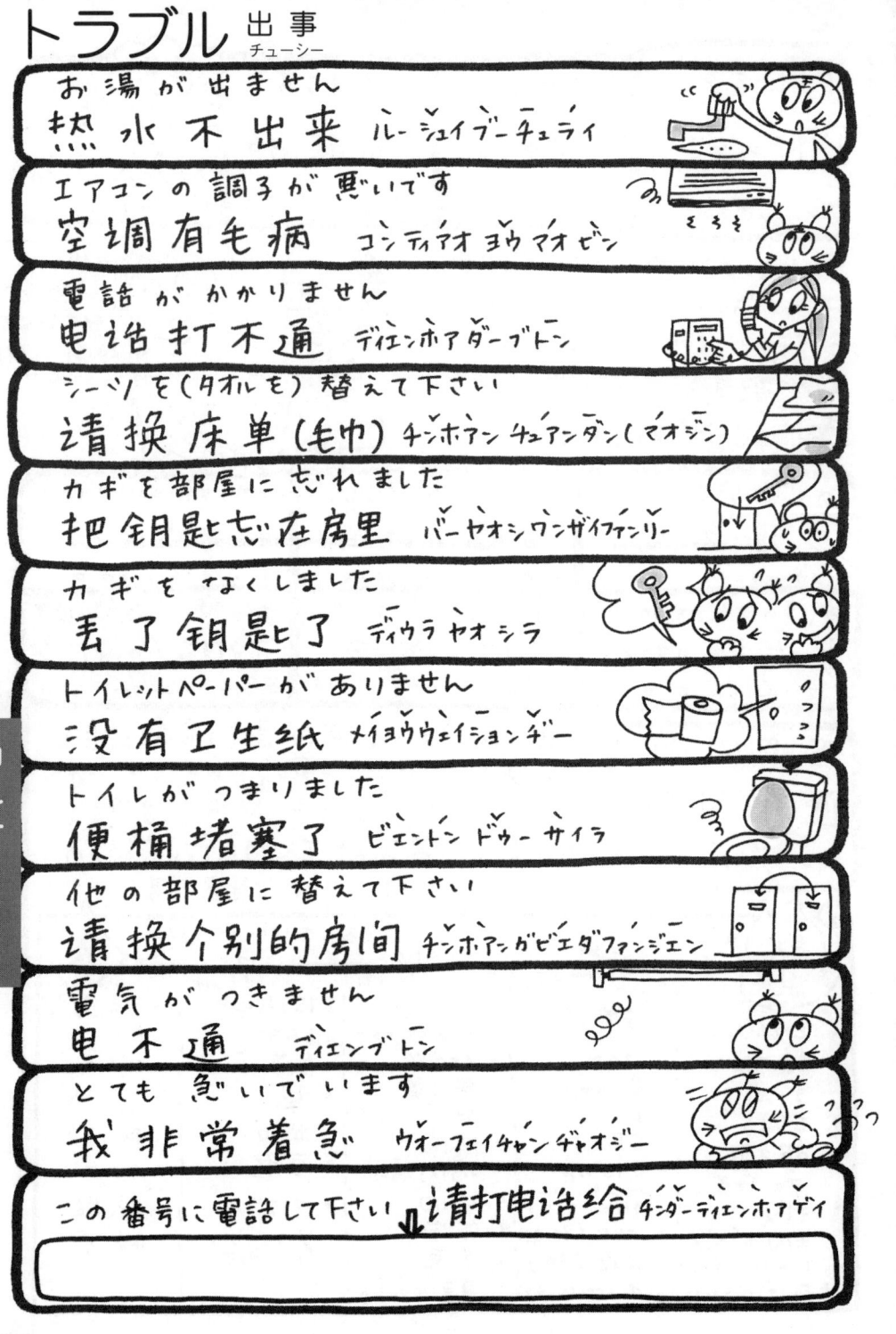

お湯が出ません	热水不出来	ルーシェイブーチュライ
エアコンの調子が悪いです	空调有毛病	コンティアオヨウマオビン
電話がかかりません	电话打不通	ディエンホアダーブトン
シーツを(タオルも)替えて下さい	请换床单(毛巾)	チンホアンチュアンダン(マオジン)
カギを部屋に忘れました	把钥匙忘在房里	バーヤオシウンザイファンリー
カギをなくしました	丢了钥是上了	ディウラヤオシラ
トイレットペーパーがありません	没有卫生纸	メイヨウウェイションヂー
トイレがつまりました	便桶堵塞了	ビエントンドゥーサイラ
他の部屋に替えて下さい	请换个别的房间	チンホアンガビエダファンジエン
電気がつきません	电不通	ディエンブトン
とても急いでいます	我非常着急	ウオーフェイチャンヂャオジー
この番号に電話して下さい↓请打电话给		チンダーディエンホアゲイ

あいさつ / 移動 / 時間・数学 / 買物 / 観光 / 食事 / 文化 / 人間関係 / トラブル

出事

70

立ち入り禁止	闲人免进	シエンレンミエンジン
非常口	太平门	タイピンメン
急いで！	快点！	クァイディエン
助けて！	救命！	ジウミン
やめて！	住手！	ヂューショウ
□が盗まれた	□被偷了	ベイトウラ
お金	钱	チェン
サイフ	钱包	チェンバオ
カバン	包	バオ
□がなくなった	丢了□	ディウラ
クレジットカード	信用卡	シンヨンカー
飛行機のチケット	飞机票	フェイジーピャオ
パスポート	护照	フーヂャオ
手を放して！	放开！	ファンカイ
危ない！	危险！	ウェイシェン
ドロボー！	小偷！	シャオトウ
□に連絡して下さい	请帮我和□联系	チンバンウォーホー … リエンシー
警察	公安局	ゴンアンジュー
領事館	领事馆	リンシーグァン ＊1
心配するな	不必担心	ブービーダンシン
どうにもならない	没办法	メイバンファー
安心して下さい	你放心	ニーファンシン
落ち着いて下さい	别着急	ビエヂャオジー ＊2

トラブル
トラブル／その他

＊1 上海には大使館はなく、領事館。 ＊2 大体こちらがパニクってるとこう言われる。だからといって、"テメー人のことだと思ってザケンなよッ！"と言ったり、態度に表したりしたらいけない。その後、協力してくれなくなる。

71

日用品 日用品 リーヨンピン

日本語	中文	ピンイン
百貨商店 ※1	百货商店	バイ フォ シャンディエン
バスタオル	浴巾	ユィージン
フェイスタオル	小毛巾	シャオマオジン
へちま	丝瓜	スーグァ
ライター	打火机	ダーフォジー
のり	胶水	ジャオシュイ
ノート	笔记本	ビージーベン
ボールペン	圆珠笔	ユエンヂューピー
はさみ	剪刀	ジェンダオ
マジック	万能笔	ワンヌンビー
セロテープ	透明胶	トウミンジャオ
輪ゴム	橡皮圏	シャンピーチュエン
プチナイフ	小刀	シャオダオ
ポリ袋	塑料袋	スーリャオダイ
雨ガッパ	雨衣	ユィーイー ※2

上海は雨が多いのであると便利

日本語	中文	ピンイン
スーパーマーケット	超级市场	チャオジー シーチャン
シャンプー	洗发水	シーファーシュイ
リンス	护发素	フーファースー
石けん	肥皂	フェイザオ
洗たく石けん	洗衣粉	シーイーフェン
歯ぶらし	牙刷	ヤーシュア
歯みがき粉	牙膏	ヤーガオ
ティッシュペーパー	化妆纸	ホアヂュアンヂー
トイレットペーパー ※3	手纸	ショウヂー
カミソリ	刮脸刀	グァリェンダオ
つめ切り	指甲刀	ヂージアダオ
電池	电池	ディエンチー
缶ビール	听装啤酒	ティンヂュアンピージウ
スナック菓子 ※4	小吃	シャオチー
インスタントラーメン	方便面	ファンビェンミェン
つけもの ※5	酱菜	ジャンツァイ
ジュース	果汁	グォヂー
冷凍食品 ※6	速冻食品	スードンシーピン
牛乳	牛奶	ニウナイ
ガム	口香糖	コウシャンタン

※1 スーパーができる前に、その役割を果たしていた店。ローカルチックな品ぞろえで、時々面白いものが見つかる。 ※2 ポンチョ式にすっぽりかぶるものが良い。 ※3 長距離旅行の時など、中の芯を取って持ち歩くと便利。 ※4 今風スナックの中華味は片っ端から試す価値あり。 ※5 福神漬けタイプの漬物。おかゆの友に。 ※6 餃子やしゅうまいなど、見てるだけで楽しい。

化粧品 化妆品 ホァヂュアンピン	口紅 口红 コゥホン	マニキュア 指甲油 ヂーヂアヨウ	ファンデーション 粉底霜 フェンディーシュアン
ローション 护肤水 フーフーシェイ	アイブロー 眉笔 メイビー	マスカラ 睫毛油 ジェマオヨウ	パック 画膜 ミエンモー

郵便局 邮局 ヨウジュー	切手 邮票 ヨウピオ	ハガキ 明信片 ミンシンピエン	封筒 信封 シンフォン
新聞 报纸 バオヂー	雑誌 杂志 ザーヂー	記念切手 纪念邮票 ジーニエンヨウピオ	ダンボール 纸箱 ヂーシァン

おみやげ 礼品 リーピン	お茶 茶叶 チャーイエ	カシミア *7 羊绒 ヤンロン	シルク 丝绸 スーチョウ
きゅうす 茶壺 チャーフー	タバコ *8 香烟 シャンイエン	ナイキのスニーカー *9 耐摔的运动鞋 ナイクーダユンドンシエ	CD CD シーディー

テレフォンカード *10 电话卡 ディエンホアカー		携帯電話 手机 ショウジー	

サングラス 黒眼鏡 ヘイイエンジン		めがね 眼鏡 イエンジン	コンタクトレンズ 隐形眼鏡 インシンイエンジン
指輪 戒指 ジェダー	ネックレス 项链 シァンリエン	ブレスレット 手镯 ショウヂュオ	ピアス 穿耳环 チュアンアルホアン

日用品

その他

*7 こればっかりは"安かろう悪かろう"。 *8 雲南産が有名。でも大体日本人の口には合わない。ウケ狙いならココア風味の「鳳凰」を。 *9 香港・上海限定ヴァージョンとかが時々出るらしい。 *10 上海のカード式公衆電話では、国際電話もかけられる。ホテルでかけるよりも安くて良い。

十二支・生き物 十二生肖・动物
シーアールションシャオ・ドンウー

あなたはなに年ですか？	□年です
你属什么？ ニー シュー シェンマ	我属□ ウォー シュー
あなたはどの動物が好きですか？	□が好きです
你喜欢哪个动物？ ニー シー ホァン ナー ガ ドンウー	我喜欢□ ウォー シー ホァン

ねずみ*1	うし	とら	うさぎ
鼠(老鼠) シュー (ラオシュー)	牛 ニウ	虎(老虎) フー (ラオフー)	兔(兔子) トゥー (トゥーズ)
たつ	へび	うま	ひつじ
龙 ロン	蛇 ショー	马 マー	羊 ヤン
さる	とり	いぬ	いのしし
猴(猴子) ホウ (ホウズ)	鸡 ジー	狗 ゴウ	猪 チュー

動物	ねこ	くま	パンダ
动物 ドンウー	猫 マオ	熊 シオン	大熊猫 ダーシオンマオ
カエル	カメ	鹿	ゾウ
青蛙 チンワー	乌龟 ウーグイ	鹿 ルー	象 シャン
おおかみ	きつね	クジラ	イルカ
狼 ラン	狐狸 フーリ	鲸鱼 ジンユイ	海豚 ハイトゥン

*1 十二支は漢字一文字で表すが、普通の動物として表す場合はカッコ内の言い方になる。

□は 中国(日本)にも いますか？
□在 中国(日本)也有吗？
ザイ チョングオ(リーベン) イェ ヨウマ

鳥 鸟 ニャオ	スズメ *2 麻雀 マーチュエ	ハト 鸽子 グーズ	あひる 鸭子 ヤーズ
ペンギン 企鹅 チーウー	カラス *3 乌鸦 ウーヤー	カササギ *4 喜鹊 シーチュエ	こうもり *5 蝙蝠 ビェンフー
魚 鱼 ユイー	金魚 金鱼 ジンユイー	メダカ 鲔将 ジアン	熱帯魚 热带鱼 ルーダイユイー
虫 虫子 チョンズ	蚊 蚊子 ウェンズ	蝶 胡蝶 フーディエ	ハチ 蜂 フォン
花 花 ホア	白蘭花 *6 白兰花 ㊤バイホ	ダイダイ *7 代代花 ㊤デデホ	ゲッカコウ *8 晩香玉 ワンシャンユイ
バラ 玫瑰 メイグイ	サクラ 樱花 インホア	カーネーション 康乃馨 カンナイシン	ゆり 百合 バイホー

十二支・生き物 その他

*2 マージャンは「麻将(マージャン)」。*3、4、5 いずれも中国では縁起の良い鳥。*6、7 上海では夏になると、生花をアクセサリーにして街角で売っている。すごくいい香り。*8 上海の夏に欠かせない花。昼間は全くにおわないのに、夜になると、とても濃厚な香りを部屋中にまき散らす。

75

動詞・疑問詞・他　动词・疑问词・其他
ドンツー・イーウエンツー・チーター

いつ	どうやって	何	なぜ
什么时候	怎么	什么	为什么
シェンマ シーホウ	ゼンマ	シェンマ	ウェイ シェンマ

どこ	誰が	どの	何時に
哪里	谁	哪个	几点
ナーリ	シェイ	ナーガ	ジー ティエン

何回	どれくらい(大きさ)	どれくらい(長さ)	どれくらい(量)
几次	多大	多长	多少
ジーツー	ドゥオダー	ドゥオ チャン	ドゥオ シャオ

〜ですか？
〜吗？
マ

中国語の疑問詞はとってもカンタン。語尾に"吗?"をつけるだけでいいんです。メンドクサければ語尾を上げるだけでもOK！

(例) あなたも行きます。→ あなたも行きますか？
你也去　　　　　　你也去吗？
ニー イエ チュー　　ニー イエ チュー マ

語気助詞
语气助词
ユーチー チューツー

これ、とっても便利。語尾を変えるだけでこんなに意味が変わります

あなたはもう行きましたか？
你已经去了吗？
ニー イージン チューラ マ

あなた、もう行ったでしょ？ *1
你已经去了吧
ニー イージン チューラ バ

あなたもう行ったじゃない
你已经去了呀！
ニー イージン チューラ ヤ

あなたもう行ったのね *2
你已经去了, 啊?
ニー イージン チューラ ア

上海語の疑問詞　〜哦? ヴァ
あなたは上海人ですか？
侬是上海人哦？
ノン ズ ザンヘ ジン ヴァ

*1 確認の意味が強い。　*2 「去了」「啊」の間を少しあけてしゃべるとそれらしく聞こえる。「行っちゃったのね？」と確認するようなニュアンス。

読む・見る 看 カン	聞く 听 ティン	話す 说 シュオ
書く 写 シエ	する 作 ズオ	払う 付 フー
買う 买 マイ	行く 去 チュー	来る 来 ライ
起きる 起 チー	ねる 睡 シュイ	座る 坐 ズオ
食べる 吃 チー	飲む 喝 ホー	あげる 给 ゲイ
出発する 出发 チューファー	到着する 到达 ダオダー	はじめる 开始 カイシー
待つ 等 ドン	歩く 走 ゾウ	走る 跑 パオ
考える 想 シャン	笑う 笑 シャオ	泣く 哭 クー

動詞・疑問詞・他

その他

形容詞 形容词 シンロンツー

〜は〜です
〜是〜
シー

〜は〜でない
〜不是〜
ブーシー

とっても
很く非常
ヘン フェイチャン

少し
有一点
ヨウイーディエン

あまり〜ない
不太〜
ブータイ

〜すぎる
太〜
タイ

側柱: あいさつ／移動／時間・数字／買物・観光／食事／文化／人間関係／トラブル／**その他** 形容詞

これは □ です
这个 □ *1
ヂェーガ

男性に ステキ♡ 你很帅 ニーヘンシュアイ
女性に ステキ♡ 你很漂亮 ニーヘンピャオリャン

大きい ⟷ 小さい	よい ⟷ 悪い
大 ダー　小 シャオ	好 ハオ　不好 ブーハオ

多い ⟷ 少ない	近い ⟷ 遠い
多 ドゥオ　少 シャオ	近 ジン　远 ユエン

(値段が) 高い ⟷ 安い	(背が) 高い ⟷ 低い
贵 グイ　便宜 ピエンイー	高 ガオ　矮 アイ

重い ⟷ 軽い	太っている ⟷ やせている
重 ヂョン　轻 チン	胖 パン　瘦 ショウ

長い ⟷ 短かい	美しい ⟷ みにくい
长 チャン　短 ドゥアン	美 メイ　丑 チョウ

暑い	涼しい	寒い
热 ルー	凉 リャン	冷 ルン

※ ホントはものによって量詞も変わるが、「个」でも通じるのでそれほど神経質にならなくても良い。

形容詞

熱い ⟷ 冷たい	明るい ⟷ 暗い
湯火 / 冰	亮 / 黑
タン / ビン	リャン / ヘイ

若い ⟷ 年寄り	新しい ⟷ 古い
年軽 / 老	新 / 旧
ニエンチン / ラオ	シン / ジウ

速い ⟷ 遅い	簡単 ⟷ 難しい
快 / 慢	简单 / 难
クァイ / マン	ジェンダン / ナン

強い ⟷ 弱い	厚い ⟷ 薄い
強 / 弱	厚 / 薄
チァン / ルォ	ホウ / バオ

清潔 ⟷ 汚れた	正しい ⟷ まちがった
干浄 / 脏	对 / 不对
ガンジン / ザン	ドゥイ / ブードゥイ

その他

心地よい
舒服
シューフ

ヘン
怪
グァイ

珍しい
少见
シャオ ジェン

イイ!
棒!
バン

うまいことヤル
便宜
ピェンイー

(男の人) カッコイイ
帅
シュァイ

たいくつ
无聊
ウーリャオ

大体 / ま、そんなものでしょ
差不多
チャーブドゥオ
(上) チャヴァドゥー

「大体〜くらい」とか「ま、こんなもんさ」とかでとっても便利な一言。「茶封筒」と覚えておこう!

長さはこれくらい?
长短怎么样?
チャンドゥアンゼンマヤン

そんなもんです
差不多了
チャーブドゥオラ

住所を尋ねる 问地址
ウエンディーヂー

あなたの□を教えて下さい 请告诉我你的□
チン ガオス ウォー ニー ダ

名前	住所	電話番号	メールアドレス
名字	地址	电话号码	E-mail
ミンズ	ディーヂー	ディエンホアハオヂー	イー メイル

あなたに□を送ります 我给你□
ウォー ゲイ ニー

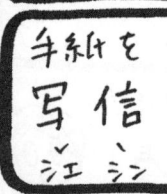

手紙を	写真を	ここに書いて下さい
写信	寄照片	写在这儿
シェ シン	ジー ヂャオピェン	シェ ザイ ヂョール

第2部

上海で楽しく会話するために

"第2部"では、超初心者向けに
コミュニケーションのコツを解説していきます。
話す力も、話す内容の幅も確実にワンランクアップできます。

日本人の中で意識が変わりつつある上海。だけど…

　上海……。ここ数年、やたらと注目を集めてる街です。仕事をしよう、留学をしようと長期滞在する日本人も急増しています。旅行者にしても同じ。「香港には飽きたから、次は上海にでも行ってみようかな」なのかもしれません。

　でもちょっと前までは、中国ってどちらかというと、中高年の人が行くところで何となくジミ〜なイメージがあったり、「共産主義の赤い国」っていうイメージが強くって、コワイところって感じていた人も少なくないでしょう。

　でも今の上海は、女性誌なんかで特集が組まれるくらいキレイでオシャレで、日本のヘタなショップやレストランより、よっぽどカッコイイ店があったりします。石庫門住宅という上海独特の建築様式でつくられた住宅を改造し、懐古趣味こそが上海のキーコンテンツとでもいいたげな「新天地」は、その中でも最先端を行く場所です。また、浦東開発区に林立する高層ビル群は、まるでニューヨークのマンハッタン。摩天楼からバンドの風景を眺めるのは、一種の観光コースにもなっています。ちょっと前に比べると、「上海を楽しむ工夫」を街ぐるみでつくっている、って感じなのです。だから昔に比べると「わざわざ行ってみる価値がある街」になったんでしょう。でも、そこでおしまいにせず、普段着の上海がどんなところなのかもちょっと見てください。街歩きがもっと面白くなるはずです。

　いくら上海の街が急速に変わってるといっても、上海の人たちの基本的な生活やものの考え方は、以前とほとんど変わってません。例えば、夏場の夕暮れ時、昔からの弄堂（横丁）に足を踏み入れれば、道端に出した小さなテーブルに乗り切れないほどのおかずを囲み、一家勢ぞろいで食事をとっている風景や、ちっちゃい雑貨店で売られている地元ブランドのビールを、山ほど買っていくランニング姿のお父さんに巡り合えます。小道でメンコ遊びに興じる赤いネッカチーフをした子供たちは、日本と同じでジャンクフードや駄菓子屋が大好き。彼らを見れば、雑誌で見る「オシャレな上海」はごくごく一部だということがわかるはずです。だから、キレイにラッピングされた街を見て、「上海に行ってきた。日本よりもオシャレな店があって楽しかった」では、なんだかもったいないような気がするのです。以前と変わらぬ街の人びとや生活感あふれる店の品ぞろえを見て、街の空気を存分に味わって、普段着の上海も体感してほしいな、と思います。上海は決して過去の遺物を愛でる観光名所ではなく、生活する人たちの元気を感じる街。だから、生活者の吸っている空気を感じることも、上海へ行くことの大きな意味になるんじゃないか、そう私は感じます。

なぜ今、上海なの？

　とはいえ、上海の急激な変化が一般人の生活にも入り込んで来ているのも事実で、その変わりっぷりには全くもって目が回りそうです。しかし変化の速さは、上海だけに限ったことではありません。例えば首都の北京、こっちの変化もすさまじいです。しゃれたレストランやショップができてるのは上海と同じだし、携帯電話もバシバシ普及してるし、高級マンションを買うお金持ちだってたくさんいます。なのに、なぜ上海ばっかりが注目を集めるんでしょう？　上海は中国一の経済都市ですから、世界中からお金もうけの材料を探す人々が集まるのは当然といえば当然です。でも、それだけでしょうか？　観光客にとっても魅力的な街なのはなぜなんでしょう。

　思うに、上海が人々の目に魅力的に映る秘密は、街の成り立ちにあると思います。かつて「冒険者の楽園」「東洋のパリ」と呼ばれた街。日本人の間には「上海バンスキング」が広く知られていますが、当時、小説家の村松梢風は、上海を題材にした「魔都」という小説で、日本人に上海の不思議と混沌と先端ぶりを伝え、パリを目指すものはまず上海を目指すというムーブメントをつくりだしました。東洋一の貿易港で、ファッション、建築、ジャズ、世界の流行はまず上海に流れ着き、そこから日本を始め、各国に伝わっていくという東アジアの流行発進地であり、行ったことのある人は口を揃えて銀座すら片田舎と笑い飛ばすほどの大都市。昔、上海はそんな街だったのです。今ではその面影は見る影もありませんが、それでも昔の建物が残っていて、旅人にノスタルジーを与えてくれます。中国にありながら、なぜこんなにバタ臭いんだろう？　という視覚的アンバランスが、上海の大きな魅力なのでしょう。

全てはアヘン戦争から始まった

　英語辞書があるなら"Shanghai"を引いてみて下さい。拉致する、連れ去るなどの物騒な言葉が並んでると思います。「え？　じゃあ上海って言葉はもともと英語だったの！」って？　残念、違います。上海という街を例えたら、こういう英語ができたんです。昔、上海では水夫や肉体労働者の人材確保として、酒に酔わせて船に乗せ、アメリカなどの遠方で働かせるという、体よくいえば「斡旋業」、悪くいえば「人さらい」が横行していて、それが英語に転化したわけです。いかに物騒かつ

アヤシイ街だったかがよくわかるお話ですね。

　でも、古来中国からそんなアヤシイ街だったかというとこれもちょっと違って、全ては清朝政府がアヘン戦争に負けたことから始まりました。

　アヘン戦争の前まで、上海は明代に倭寇襲撃に備えて築かれた小さな城壁の中で暮らす人たちだけのための、小さな港町でした。ところが、アヘン戦争終結後、イギリスと交わされた1843年の南京条約によって、清朝政府は香港を植民地にし、かつ上海、厦門（アモイ）、広東（現在の広州）、寧波、福州の5港の開港で、鎖国に終止符を打ったのです。

　開港後、外国人が真っ先に目をつけたのが上海でした。海に面してはいませんが、揚子江流域に近く、かつ中国のちょうど中ほどにあり、揚子江を介してかなり広範囲の交易ができるではないですか。かくして諸外国はそれっと上海に集中し、イギリスを手始めに、フランス、アメリカと次々に「租界」を築き始めました。今も上海一の大通りとして知られている南京路の由来は、この南京条約にちなんだものといわれています。

上海の租界

　上海南部の南市という地域に人民路と中華路という道があって、地図で見ると、環状線のように円形をしています。これは、昔の上海の城壁跡なのです。鎖国が解かれる前、上海人はこの小さな城壁の中で細々と暮らしていましたが、租界設立に伴って、夷狄（いてき）嫌いの中国人は、城壁の北側の、墓地として使っていた縁起の悪い土地を租借しました。そんな不吉な土地からはとっとと出ていくだろうというもくろみだったらしいですが、それがモロに外れたことは、その後の発展を見ていてもよくわかりますね。そして、もくろみが外れたことで今の上海があるのですから、運命とは皮肉なもんです。

　では、租界って一体何なんでしょう？　平たく言えば「外国人が住むことを許可された地域」ですが、土地の所有権までを手にできる植民地とは違い、租界はその土地を持っていた中国人から、使い道に応じて土地を借り上げるというスタイルです。要するに所有者が貸しさえすれば、いくらでも面積を拡張することができるのです。かくして上海の租界は、19世紀後半のバンド周辺から始まって、西へ西へと伸びていったのです。

上海の租界拡張図

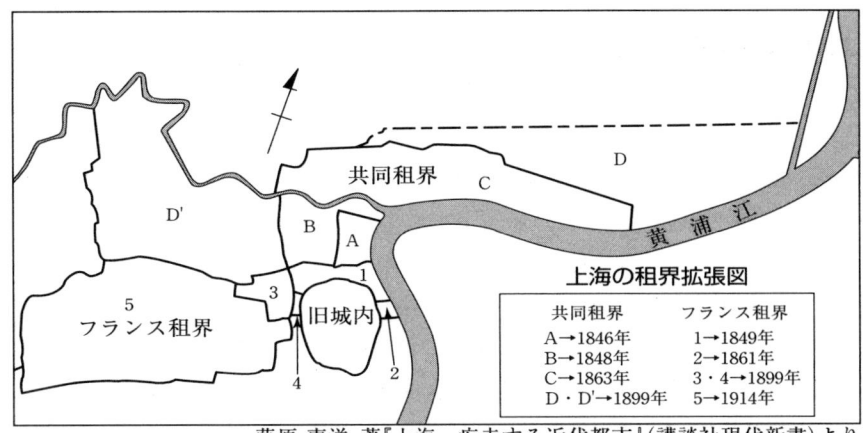

共同租界
A→1846年
B→1848年
C→1863年
D・D'→1899年

フランス租界
1→1849年
2→1861年
3・4→1899年
5→1914年

藤原 恵洋・著『上海－疾走する近代都市』(講談社現代新書)より

　上海には共同租界(イギリス・アメリカの両租界が合体)とフランス租界の2つがありますが、警察が分かれていることが、犯罪者にはうってつけの環境でした。租界の間に鉄条網が張られているわけではないので(中国人街との間にはあった)、共同租界で悪いことをしても、フランス租界に逃げればOK、もちろんその逆もOKなのです。そんな環境から、犯罪の温床という側面を持っていました。白昼、街での発砲事件が当たり前という街だったのです。政治運動をしている中国人には格好の逃げ場所でした。その一方、ヨーロッパ社会の階級意識も必要なく、運と手腕さえあれば、誰でも財をなし、土地の名士になれるので、富を求める人々が世界各国から引きもきらず、上海をますます繁栄させるのに充分でした。かくして、上海の租界が日本軍に接収されるまでのおよそ80年間、上海は全ての人の欲望を飲み込んで膨らんでいったのです。

　確かに行政の中心は外国人によって握られていましたが、それを支える労働者はもちろん、中国人との仲介人をする買弁(ばいべん)がいなければ中国独自の商売も立ち行きません。また、上海の繁栄を敏感に嗅ぎ取って財をなした中国人の"名士"たちはこぞってフランス租界に瀟洒な邸宅を建て、優雅な生活を営んでいました。さらに、闇の世界を牛耳っていた秘密結社なしでこの都市を語ることはできません。ときに中国人とのトラブルの仲裁役になり、アヘンなどの影の経済活動を支え、闇から上海を仕切っていた彼らは、外国人にとっても必要な存在でした。実質的には、彼らがうなずかない限り、外国人が複雑な中華社会とのトラブルを解決するのは難しかったのです。このように上海人はそれぞれの立場で外国人と接し、外国文化を吸収することで、他の地方の人間にない独特のアイデンティティを築き上げていったのです。

上海人は嫌われ者？

　歴史によって築き上げられたアイデンティティは、今になっても上海人のなかに受け継がれています。上海は私たち外国人にとって「中国の中の特殊」に見えますが、どうやら中国人にとっても、上海は特殊な場所らしいです。
　上海人は、とにかく他の地方の人間から嫌われます。曰く「自分のことしか考えてない」「薄情だ」「カネのためなら何でもする」……。しかし、言い換えれば「個人主義であとくされがない」「ドライ」「目標があればすごく良く働く」になるわけで、受け取り方は人それぞれとしか言いようがありません。でも、そんな批判も上海人にかかると「はぁ？　田舎モノが何言ってんの？」の一言で帳消しです。そうなんです、上海人はとてつもなくプライドが高いのです。曰く「この国の経済を背負ってるのはどこの誰だと思ってるんだ」「西洋人の築いたものをこれだけ上手く利用できるなんて、賢い上海人じゃなきゃできっこない」「北京人の見栄っ張りはベンツに乗っても家はボロボロ。上海人は内面を大切にするから、家の内装にカネをかける」……うわー、イヤミですねー。こんな奴とは絶対友達になりたくないですねー。でも真実なんだから仕方ありません。そしてこのプライドなくして、上海という街自体あり得ないと私は思います。

上海の街

　街の歴史が浅いので、さしたる名所旧跡もない上海ですが、そのかわりに租界時代の建物が上海の魅力を余すことなく伝えています。ほんの10年ほど前までは、街の80％以上が古い建物で埋め尽くされ、まさに建築博物館といえるほど、大小さまざまな建物が立ち並んでいました。しかし最近は再開発ブームに乗ってえらい勢いで壊されています。あまりの勢いで壊されるので、市政府はさすがにマズイと思ったらしく、「文物保護建築」なる指定をした建物は「基本的に」再開発の対象にはなりません。なぜ「基本的に」かというと、政治的力関係で、どーしてもそれを壊さなきゃならんという状況下では壊される可能性があるからです。このへんが社会主義国家らしいところではあります。
　建築物の面白さは、その場所が昔何租界だったか、商業地なのか住宅地なのかを知ることでもっと面白くなります。例えばバンド～南京路はビジネスと商業の中心だったので高い立派な建物が多いですが、元高級住宅街のフランス租界の西

側に入ると、瀟洒な洋館が目立ちます(オシャレなバーが立ち並ぶので有名な衡山路は、フランス租界の中でも一等地にあります)。中国人街は昔も今も人口密度上海一で、建物は風水を考慮した伝統的江南民居スタイル。日本人街はさすが「川向こう」らしく、あまり立派な建物はないものの、現在「多倫路文化街」になっている周辺は、比較的高収入の人が住む場所だったので、なかなかしゃれたテラスハウスを見つけることができます。そして、外国人の中でも一番下層と言われる人々が住んだ蘇州河の北側や、ユダヤ人が多く住んでいた楊樹浦は、なかなか再開発の手がはいらなかった一帯です。

このように、歴史を踏まえながら街を歩いていくと、昔の住み分けが結構そのまま残っていたりして、「共産主義なのに何じゃこりゃ」と思わずなってしまうはず。上海人のアイデンティティの原点が租界時代から引き継がれているということは、この住み分けを見ればわかるでしょう。その心情は、開発区として注目を集める浦東(昔は墓と畑しかなかった)と、旧租界のある「浦西」を区別し、浦西を良しとする思考回路にも如実に現れています。

上海の食

上海料理というと、何を思い浮かべますか? 小籠包、有名ですねー。でも、あれってもともとは郊外の南翔というところの名物なんです。上海ガニ? あれねー、高級ヅラしてるけど、ほんの数十年前まで労働者の食べ物だったんですよ。本来ならワタリガニのほうがよっぽど高級品なのです。

いくら富が集中したとはいえ、上海は基本的に労働者と商人の街なので、料理にも当然その生活スタイルが繁栄されています。街のイメージから洗練された調理法や味付けを想像するかもしれませんが、上海人は醤油と砂糖でこっくり煮付けた「紅烧(ホンシャオ)」が大好きで、それと炒めた野菜をおかずに、メシをたくさんかっ喰らうのが家庭料理の基本スタイルと、まことに気取らずざっくばらんです。

食材としては、野菜と塩漬け菜をよく使うということが挙げられます。

とにかく上海は四季折々の新鮮な葉物が豊富で、春の豆苗、シロツメグサ、夏の莧菜(ジエンツァイ、上海語では米西=ミーシー)、秋〜冬のほうれん草、春菊、そして一年を通して食べられる上海っ子の大好きな鶏毛菜(ジーマオツァイ)と、青物の絶える季節はありません。しかもみんな葉先だけを丁寧にむしって、硬い茎は捨ててしまうのです。どんな家庭でも、この作業だけはしっかりと行います。

また、雪菜というカラシナに似た葉っぱの塩漬けもよく料理に使い、市場に行けば浅漬から古漬まで色々売ってるので、好みと用途に合わせて買い求め、炒め物に、スープに、麺にと使い回します。塩漬け菜のおいしさは日本人にもよくわかると思うので、ぜひ試してもらいたい食材の一つです。

　魚は淡水魚のほうが高級で、紅焼や清蒸(酒蒸し)、スープにして食べますが、タウナギの存在も忘れられません。どちらかといえばドジョウに近い見かけと味で、これを細く割いて甘辛味で炒め、油をたっぷりかけた料理は上海名物のひとつですが、泥臭いので好き嫌いが分かれるでしょう。海の魚では、タチウオやマナガツオ、イシモチを良く食べます。

　この他にもたくさんありますが、いかにも忙しい街らしく、炒め物が中心で、味付けは濃いめの部類に入ります。しかし醤油ベース、漬物をよく使うなど、日本人(特に関東以北)の人の味覚にはぴったりくるものばかり。これら家庭料理を看板にした店も少なくないので、街でも気軽に味わうことができます。

上海を歩くのに、上海語は必要ない？

　さて、この本は「指さし会話帳」というちょっと変わった形式になってます。必要事項を指さして、現地の人とコミュニケーションを取ろうというものなんですが、少しでもしゃべることでコミュニケーションが取れれば、より一層旅も面白くなりますよね。でも、今回この本ではいわゆる「標準語」を中心にし、上海語は「こんな時に使ったらウケるだろうな」程度に留めておきました。

　中国はご存知の通り、ものすごく大きいです。当然地方によって言葉も違いますが、東京人が大阪弁を聴き取るとかいう生易しいもんじゃありません。東京人が「純粋のウチナーグチ(沖縄言語)」を聴き取るくらい違うのです。仮に北京人が上海語しかしゃべらない人の中に放り込まれたら、何を言ってるのか全くわからないはずです。一昔前は、上海語がしゃべれない「田舎モノ」(上海以外の場所はみーんな「田舎」です)に店員がわざと上海語でしゃべるという意地悪な光景をよく目にしました(今はそんなことありませんが)。

　上海語は「呉話」と呼ばれる江南一帯の言葉がベースになっています。揚子江より南〜浙江省にかけた一帯の言葉は、みな上海語と似ていて、有名どころでは蘇州、杭州、紹興あたりの言葉が、上海語と似ています。大阪弁、京都弁、神戸弁って、似ているようでちょっと違いますよね？　その程度の差です。確かにこれらの地方では上海語が通じますが、その他の地方で全くコミュニケーションが取れない

のは不便なので、本書では全国どこへ行っても通じる標準語を基本にした、というわけです。

簡単な上海語を覚えておいて損はない

　中国の人は、こちらがつたない中国語でしゃべれば「ああ、一生懸命だな」とおおむね好意的に見てくれるし、ちょっとでも流ちょうにしゃべれば「おまえなかなか中国語が上手いじゃないか！」とムチャクチャ褒めてくれます。だから、標準語だけでも充分コミュニケーションの手段になるのですが、上海では「ありがとう」を上海語の「シャヤ」にしただけで、「哟！侬上海语讲的蛮好啊！（おっとぉ！上海語上手いじゃん！）」と大喜びしてくれます。
　私が留学してまもない頃、寮にかかってきた共同電話をたまたま受けたら相手が上海語でしゃべって来たことがありました。とっさに一つ覚えの上海語で「阿拉日本人，请侬讲普通闲语！（私は日本人です。標準語でしゃべってください！）」と返したら、「上海語しゃべってるじゃーん！」と、見知らぬもの同士が電話越しに大笑いしたことがありました。こんな風に、上海語が新たなコミュニケーションのきっかけになればいうことなしですから、是非いくつか覚えていってください。
　また、「ボラれる可能性のあるシチュエーション」でも上海語は威力を発揮します。例えば、野菜などを売る自由市場など、定価がなくて現地の人しか来ないような場所です。野菜売りの場合、「多少钱一斤？」（ドゥオシャオチエンイージン／一斤いくらですか？）を「几钿一斤？」（ジディイェッチン）に変えるだけなんですが、「相手の答えを聴き取れなければ話にならない」とか「話が発展した時に言葉に詰まったらたちどころにバレる」とか、いくつか落とし穴があるのがネックです。なので、少し慣れた頃に使うのが得策です。

上海人の標準語は聴き取りやすい

　さて、ここからはベースの標準語のお話です。地方それぞれの言葉があって、彼らにとってはそれが「母国語」とも言えるような中国ですから、標準語にも当然なまりが出てきます。例えば上海の場合、日本人の中国語学習者がほとんど必ず引っ掛かる「圏舌音(けんぜつおん)」（舌を上あごにくっつけて発音するやつ）ってのがあります

が、上海語にはこれがないので、「是(シー)」が「スー」、「吃(チー)」が「ツー」になってしまいます。

当然ながら、語彙も違います。だから彼らにとって標準語をしゃべるということは、脳みその中の別チャンネルを駆使しているということなのです。よく、「イギリス人の英語よりドイツ人の英語のほうが聴き取りやすい」とか言いますが、中国語も同じことがいえそうです。北京人が独特の巻き舌でべらべらとまくしたてる「標準語」よりも、上海人が言葉を選びつつしゃべる「標準語」のほうがずっと聴き取りやすいのですから。さらに、標準語教育が整っている20代前半よりも若い人の標準語は、TVのアナウンサーなどに近い、とても聴き取りやすいものです。逆に学校教育に標準語がなかった世代、特に70代以上のお年寄りにはご用心。上海語だらけの標準語でまくしたてられてお手上げ、なんてこともままあります。そんな時は近くにいる人に助けを求めましょう。

声調について

これは要するに言葉の抑揚ですが、日本語では飴→雨とか橋→箸などに代表されるくらい大した数がありません。しかし中国語には全ての言葉に声調があるので、日本人はとかく声調で苦労するなんて言われています(いや、私は苦労どころかあっちの世界に逝ってしまいそうでした)。

標準語の場合、4つの声調があります。いわゆる四声と呼ばれるやつです。

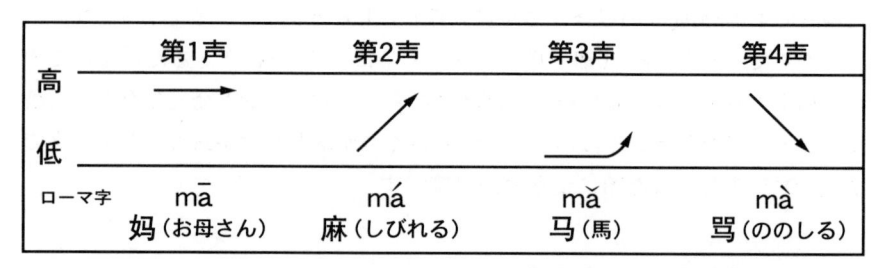

	第1声	第2声	第3声	第4声
高〜低	→	↗	↘↗	↘
ローマ字	mā	má	mǎ	mà
	妈(お母さん)	麻(しびれる)	马(馬)	骂(ののしる)

上の表を見てもわかりますが、同じ「マー」でも声調で意味が全く違ってきます。さらに「軽声」なんてものもありまして、例えば疑問詞の「吗」などは、声調に関係なく、短く切るように発音します。そして中国語では、言葉の一つひとつに全てこの声調というのがくっついて来ます……。と書くと、抑揚のあまりない日本語族には気の遠くなるような話ですが、まあ、要は慣れなんで、周りの中国人の話し言葉をまねていれば、そこそこ身に付くものだと思って気楽に構えてください。

今回は全ての言葉に声調「もどき」を入れました。なぜ「もどき」かというと、前

後の言葉や語調によって軽声に変わるケースがあったり、3声が2つ続く時には、前の3声を2声に発音したりするからです。正しい声調ではありませんので、その点は了承しといてくださいね。

圏舌音について

　上海語の項でもちょっと触れましたが、この圏舌音というやつも、ベロを使わない日本語族にはなかなかあなどり難い存在で、思わず中学校の英語の授業を思い出してしまう苦しさです。

　しかも、日本語で書くと「シー」、「チー」の1つで済んでしまう音も、圏舌音とそうでないものの2種類あるのです。例えば圏舌音の「シー（1声）」は「詩」、そうでない「シー（1声）」は「西」といった具合です（もちろん、この発音で別の意味なのもたくさんあります）。声調よりもむしろこっちで苦労する日本人をたくさん見ていますが、カタカナで中国語を憶えると特に間違いが多いようです。

　ただし、これもまた前項で書きましたが、上海なまりの中国語は「シー」→「スー」、「チー」→「ツー」というように、舌を使わなくて済むようになっています。なので、どうしても上手く舌が巻けないという人は、全てを上海なまりに変えてしまうという手もあります。この程度のなまりだったら北京に行こうが充分通じますので、試す価値は充分あります。苦しいのは日本（リーベン、上海語ではサッパン）など、Rにつく圏舌音ですが、こればっかりは上海人もがんばって舌を巻いて発音してます。若干母音に近く発音するとそれらしく聞こえるでしょう。

　この本ではサ行とタ行の圏舌音は書きようがないのでそのままですが、「ジ」の圏舌音については「ヂ」で区別していますので、参考にしてください（例：中国→ヂョングオ。上海なまりでは「ゾングオ」になります）。

語順について

　う〜ん、これを説明する必要ってあるのかなー。というのも、中国語は日本語に比べるとずっと単純で、一応言葉を羅列してれば何とか通じるからです。日本語のように「私が」と「私は」の使い分けなどという面倒くさいものは基本的にないと思ってください。どうしてもしっかり文法が知りたいという人は、語学のテキストで勉強するのがいいと思います。

基本の基本として、中国語は主語＋動詞＋目的語(述語)で通じると憶えておいてください。例は以下の通りです。
1　我　是　日本人　（私は日本人です）
　　主語　Be動詞　述語
2　他　没有　妻子　（彼には妻がいません）
　　主語　Be動詞　目的語
3　谁　看　杂志？（誰が雑誌を読んでいますか？）
　　主語　動詞　目的語
　3は主語が疑問詞なので必要ありませんが、疑問文の場合、もれなく語尾に「吗」をつければOK。また、打ち消しは動詞の前に「不」もしくは「没」をつければOKですが、「有」を除いては基本的に「不」が無難でしょう。

とにかく「脸皮厚」になろう！

　「脸皮厚」……読んで字のごとし、「面の皮が厚い」です。初めて中国語でこの言葉を聞いた時、「おー、日本語と同じじゃん！」と思ったのですが、「厚かましい」という意味を含む点でも同じなのです。それが私に対して発せられた言葉だっていうところが、いいのか悪いのかですが(笑)。「広岡は脸皮厚だから、中国語の上達も早いんだ」。こう言われたわけですね、当時の中国語教師に。しかも彼は上海人でした。
　でも、ここで「厚かましいって言われちゃった…」と落ち込むことは全くないと思うのです。元々中国人自体がものすごくおしゃべりなんですから。日本人の「言わなくてもわかるでしょ」は、中国ではまず通用しないと思って下さい。なるべくたくさんの言葉でコミュニケーションをはかり、自分を理解し、相手を理解しようというのが人間づきあいにおける基本的スタンスです。わからないものはわからない、できないものはできないとハッキリ言うのが、中国で楽しく過ごすコツだと思いましょう。そのためには、日本人独特の「謙虚」や「遠慮」を捨てる覚悟も大切です。中国人から「脸皮厚」と言われた頃には、あなたの中国語も相当上達していることでしょう。

第3部

日本語→中国語(標準語) 単語集

"第3部"では、2500以上の単語を収録しています。
旅行者にとって必要度の高い言葉、深い内容を
話すための言葉を厳選しています。

あ 行

愛	爱情	アイチン
愛国心	爱国精神	アイグオジンシェン
愛妻家	模范丈夫	モーファンチャンフ
愛称	爱称	アイチョン
愛人	第三者	ディーサンチャー
愛する	爱	アイ
相変わらず	仍旧	ランジウ
あいさつ	问候	ウェンホウ
アイスコーヒー	冰咖啡	ピンカーフェイ
あいつ	那家伙	ナージアフオ
アイデア	主意	チューイー
空いている	空	コン
アイロン	熨斗	ユンドウ
会う	见面	ジエンミエン
合う	合适	フーシー
青い	蓝	ラン
赤い	红	ホン
あかちゃん	宝宝	バオバオ
明るい	明亮	ミンリアン
明るい(性格)	开朗	カイラン
秋	秋天	チウテイエン
あきらめる	死心	スーシン
飽きる	厌倦	イエンジュエン
アクセサリー	装饰品	チュアンシーピン
開ける	打开	ダーカイ
上げる(上に)	抬	タイ
あげる(人に)	给	ゲイ
揚げる	炸	チャー
あこがれる	憧憬	チョンジン
朝	早上	ザオシャン
あさって	后天	ホウティエン
足	脚	ジアオ
味	味道	ウェイダオ
味見する	尝	チャン
味の素	味精	ウェイジン
アジア	亚洲	ヤーチョウ
明日	明天	ミンティエン
あずける(物を)	存	ツン
あずける(ことがらを)	交	ジャオ
汗	汗	ハン
あそこ	那边	ナーピエン
遊ぶ	玩儿	ワール
遊びに行く	去玩儿	チューワール
暖かい	暖和	ヌアンフオ
頭	脑袋	ナオダイ
頭がいい	聪明	ツォンミン
新しい	新	シン
あたり前	当然	ダンラン
厚い	厚	ホウ
暑い	热	ルー
集める	收集	ショウジー
集まる	集合	ジーフー
あとで	以后	イーホウ
当てる	猜	ツァイ
穴	洞	ドン
あなた	你	ニー
あなた(敬語)	您	ニン
あなたたち	你们	ニーメン
あなたの	你的	ニーダ
アニメ	动画片	ドンホアピエン
あの	那个	ネイガ
あの頃	那时候	ナーシーホウ
あの人	那个人	ネイガレン
兄	哥哥	グーグ
姉	姐姐	ジエジエ
アパート	公寓	ゴンユィ
アヒル	鸭子	ヤーズ
あぶない	危险	ウェイシエン
油	油	ヨウ
アフリカ	非洲	フェイチョウ
あまい	甜	ティエン
雨	雨	ユィー
アメリカ	美国	メイグオ
あやしい	奇怪	チーグアイ
謝る	道歉	ダオチエン
洗う	洗	シー
ありがとう	谢谢	シエシエ
あるいは	或者	フオチァー
あるく	走	ゾウ
アルバイト	临时工	リンシーゴン
あれ	那个	ネイガ
アレルギー	过敏	グオミン
粟	小米	シャオミー
安心	放心	ファンシン
安全	安全	アンチュエン
案内する	带路	ダイルー
胃	胃	ウェイ
いい	好	ハオ
いいかげん	马虎	マーフー
いいえ	不是	ブーシー
言う	说	シュオ
家	家	ジア

94

イカ	墨鱼	モーユィー
～以外	以外	イーワイ
～行き	去	チュー
イギリス	英国	イングオ
生きる	活	フオ
行く	去	チュー
いくつ	几个	ジーガ
いくら	多少钱	ドゥオシャオチエン
池	池塘	チータン
意見	意见	イージエン
石	石头	シートウ
維持する	维持	ウエイチー
医者	医生	イーション
異常	异常	イーチャン
イスラム教	伊斯兰教	イースランジアオ
イスラム教徒	伊斯兰教徒	イースランジアオトゥー
遺跡	遗迹	イージー
移籍	转移	チュアンイー
いそがしい	忙	マン
いそぐ	急	ジー
いたい	痛	トン
偉大	伟大	ウエイダー
いたずら	淘气	タオチー
炒める	炒	チャオ
イタリア	意大利	イーターリー
イタリア人	意大利人	イーターリーレン
1	一	イー
1月	1月	イーユエ
1日	1天	イーティエン
1日おき	隔一天	グーイーティエン
イチゴ	草莓	ツァオメイ
市場	市场	シーチャン
いちばん(いい)	最好	ズイハオ
いちばん(最初)	第一个	ディーイーガ
いちばん(一等賞)	第一名	ディーイーミン
胃腸薬	肠胃药	チャンウエイヤオ
1回	1次	イーツー
1階	一楼	イーロウ
1週間	一个星期	イーガシンチー
いっしょ	一起	イーチー
一生	一生	イーション
一生懸命	拼命	ピンミン
いっぱい	很多	ヘンドゥオ
一般的	一般	イーバン
一方的	一方的	イーファンダ
いつ	什么时候	シェンマシーホウ
いつも	总是	ゾンシー
遺伝	遗传	イーチュアン
糸	线	シエン
いなか	乡下	シアンシア
犬	狗	ゴウ
稲	水稻	シュイダオ
命	生命	ションミン
いのる	祈祷	チーダオ
いばる	神气	シェンチー
違反	违反	ウェイファン
今	现在	シエンザイ
居間	客厅	クーティン
意味	意思	イース
Eメール	电子邮件	ディエンズヨウジエン
イモ	薯	シュー
妹	妹妹	メイメイ
嫌になる	讨厌	タオイエン
イライラする	着急	チャオジー
いらない	不要	ブーヤオ
入り口	入口	ルーコウ
要る	要	ヤオ
居る	在	ザイ
入れる	放	ファン
色	颜色	イエンスー
いろいろ	各种各样	グーチョングーヤン
いわう	庆祝	チンジュー
印鑑	图章	トゥーチャン
印刷する	印刷	インシュア
印象	印象	インシアン
インスタントラーメン	方便面	ファンビエンミエン
引退する	引退	イントゥイ
インターネット	因特网	インターワン
インド	印度	インドゥー
インドネシア	印尼	インニー
インフレ	通货膨胀	トンフオポンチャン
インポテンツ	阳痿	ヤンウエイ
飲料水	饮料水	インリァオシュイ
ウイスキー	威士忌	ウェイスージー
上	上面	シャンミエン
ウエイター	男服务员	ナンフーウーユエン
ウエイトレス	女服务员	ニューフーウーユエン
浮く	浮	フー
受付	传达室	チュアンダーシー
受け取る	收到	ショウダオ
牛	牛	ニウ
うしなう	丢	ディウ
後ろ	后面	ホウミエン
うすい	薄	バオ

いか→うす

うそ	谎言	ホアンイエン
歌	歌	グー
歌う	唱	チャン
疑う	怀疑	ホアイイー
宇宙	宇宙	ユィチョウ
打つ	打	ダー
うつくしい	漂亮	ピャオリャン
移す	移	イー
訴える	诉说	スーシュオ
馬	马	マー
上手い	好	ハオ
生まれる	出生	チューション
海	海	ハイ
産む	生	ション
裏	里面	リーミエン
裏切る	背叛	ベイパン
うらむ	恨	ヘン
うらやましい	羡慕	シエンムー
ウリ	瓜	グア
売り切れる	卖完	マイワン
得る	得到	ダーダオ
売る	卖	マイ
ウール	羊毛	ヤンマオ
うるさい	吵闹	チャオナオ
うれしい	高兴	ガオシン
浮気する	婚外恋	フンワイリエン
噂	传闻	チュアンウエン
運	运气	ユィンチー
運がいい	运气好	ユィンチーハオ
うんざりする	讨厌	タオイエン
うんちをする	大便	ダービエン
運賃	车费	チョーフェイ
運転する	开	カイ
運転手	驾驶员	ジアーシーユエン
運転免許証	驾驶证	ジアーシーヂョン
運動する	运动	ユィンドン
絵	画	ホア
絵をかく	画画儿	ホアホアール
エアコン	空调	コンティアオ
映画	电影	ディエンイン
映画館	电影院	ディエンインユエン
永久	永久	ヨンジウ
影響	影响	インシアン
営業職	销售	シアオショウ
英語	英语	インユィー
エイズ	爱滋病	アイズービン
衛生的	卫生	ウェイション
英雄	英雄	インシオン
栄養	营养	インヤン
笑顔	笑容	シアオロン
駅	车站	チョーチャン
エステ	美容	メイロン
絵はがき	美术明信片	メイシューミンシンピエン
エビ	虾	シア
えらい	了不起	リアオブチー
選ぶ	选择	シュエンズー
エリ(襟)	领子	リンズ
得る	取得	チューダー
宴会	宴会	イエンホイ
延期する	延期	イエンチー
エンジニア	技术员	ジーシューユエン
援助する	帮助	バンチュー
炎症	炎症	イエンヂャン
エンジン	发动机	ファードンジー
演奏する	演奏	イエンゾウ
延長する	延长	イエンチャン
エンピツ	铅笔	チエンピー
遠慮する	客气	クーチー
おいしい	好吃	ハオチー
王様	大王	ダーワン
追う	追	ヂュイ
往復	往返	ワンファン
往復切符	往返票	ワンファンピアオ
多い	多	ドゥオ
大きい	大	ダー
大きさ	大小	ダーシアオ
おおげさ	夸张	クアチャン
おかず	菜	ツァイ
おカネ	钱	チエン
おがむ	拜	バイ
起きる	起	チー
置く	放	ファン
奥様	太太	タイタイ
送る	送	ソン
贈る	赠送	ツンソン
おくれる	迟到	チーダオ
起こす	叫醒	ジアオシン
おこなう	作	ズオ
怒る	生气	ションチー
おじ	叔叔	シューシュ
惜しい	可惜	クーシー
オシャレ	时尚	シーシャン
教える	教	ジャオ
おしっこ	小便	シャオピエン

おしぼり	手巾	ショウジン		親	双亲	シュアンチン
押す	推	トゥイ		親孝行	孝行	シアオシン
オス	雄	シオン		親不孝	不孝	ブーシアオ
オーストラリア	澳大利亚	オターリーヤ		おやすみなさい	晚安	ワンアン
おそい	慢	マン		泳ぐ	游泳	ヨウヨン
落ちる	掉	ディアオ		およそ〜	大概	ダーガイ
おちんちん	鸡巴	ジーバー		オランダ	荷兰	ホーラン
夫	丈夫	チャンフ		織物	纺织品	ファンチーピン
おつり	找钱	チャオチエン		降りる	下	シア
音	声音	ションイン		折る(やわらかいもの)	叠	ディエ
弟	弟弟	ディーディ		折る(かたいもの)	折	ヂョー
男	男人	ナンレン		俺	我	ウォー
男の子	男孩子	ナンハイズ		オレンジ	橙子	チェンズ
落とす	掉	ディアオ		終わる	结束	ジエシュー
落とす(なくす)	丢	ディウ		終わり	结束	ジエシュー
落とし物	失物	シーウー		恩	恩	エン
訪れる	访问	ファンウェン		恩知らず	忘恩负义	ワンエンフーイー
おとつい	前天	チエンティエン		恩人	恩人	エンレン
おとな	大人	ダーレン		音楽	音乐	インユエ
おとなしい	老实	ラオシー		温泉	温泉	ウェンチュエン
オートバイ	摩托车	モートゥオチョー		温度	温度	ウェンドゥー
踊る	跳舞	ティアオウー		女	女人	ニューレン
踊り	舞蹈	ウーダオ		女の子	女孩子	ニューハイズ
おどろく	吃惊	チージン				
お腹が一杯	吃饱	チーバオ		**か 行**		
お腹がすく	饿	ウー		蚊	蚊子	ウェンズ
同じ	一样	イーヤン		貝	贝	ペイ
おなら	放屁	ファンピー		〜階	楼	ロウ
オナニー	手淫	ショウイン		〜回	次	ツー
おば	阿姨	アーイー		会員	会员	ホイユエン
オバケ	妖怪	ヤオグァイ		会員証	会员证	ホイユエンヂョン
覚えている	记得	ジーダ		外貨	外币	ワイビー
覚えてない	不记得	ブージーダ		海外	海外	ハイワイ
おまえ	你	ニー		改革開放	改革开放	ガイグーカイファン
お守り	护身符	フーシェンフー		海岸	海滨	ハイビン
おみくじ	神签	シェンチエン		会議	会议	ホイイー
おめでとう	祝贺	チューホー		会計	会计	クアイジー
重い	重	ヂョン		解決する	解决	ジエジュエ
重さ	重量	ヂョンリャン		戒厳令	戒严令	ジエイエンリン
思う	想	シャン		外交	外交	ワイジャオ
思い出す	想起来	シャンチライ		外国	外国	ワイグオ
思い出させる	提醒	ティーシン		外国人	外国人	ワイグオレン
思い出せない	想不起来	シャンプチライ		外国製	外国制	ワイグオヂー
思い出	回忆	ホイイー		改札口	检票口	ジエンピャオコウ
おもしろい	有意思	ヨウイース		会社	公司	ゴンスー
おもちゃ	玩具	ワンジュー		会社員	职员	ヂーユエン
表	表面	ピャオミエン		階段	楼梯	ロウティー

怪談	鬼怪故事	グイグアイグーシー
懐中電灯	手电筒	ショウディエントン
ガイド	导游	ダオヨウ
ガイドブック	指南书	ヂーナンシュー
回復する	恢复	ホイフー
解放する	解放	ジエファン
開放する	开放	カイファン
開放的	开朗	カイラン
買い物	购物	ゴウウー
潰瘍	溃疡	クイヤン
改良する	改良	ガイリャン
会話	会话	ホイホア
買う	买	マイ
飼う	饲养	スーヤン
返す	还	ホアン
カエル	青蛙	チンワー
変える	改变	ガイピエン
帰る	回家	ホイジャー
顔	脸	リエン
香り	香味	シャンウェイ
いい香り	好香	ハオシャン
科学	科学	クーシュエ
化学	化学	ホアシュエ
鏡	镜子	ジンズ
カギ	钥匙	ヤオシ
カギをかける	锁	スオ
かきまぜる	搅拌	ジアオバン
書留	挂号	グアハオ
書く	写	シエ
確信する	确信	チュエシン
かくす	藏	ツァン
学生	学生	シュエション
学部	系	シー
革命	革命	グーミン
かくれる	藏	ツァン
影	影子	インズ
賭ける	赌	ドゥー
賭けごと	赌博	ドゥーボー
過去	过去	グオチュ
カゴ	篮子	ランズ
カサ	伞	サン
火山	火山	フオシャン
菓子	糕点	ガオディエン
歌詞	歌词	グーツー
家事	家务	ジアーウー
火事	着火	チャオフオ
かしこい	聪明	ツォンミン
カジノ	赌场	ドゥーチャン
貸家	出租房屋	チューズーファンウー
歌手	歌手	グーショウ
果樹園	果树园	グオシューユエン
貸す	借	ジエ
数	数	シュー
ガス	煤气	メイチー
風	风	フォン
風邪	感冒	ガンマオ
風邪薬	感冒药	ガンマオヤオ
カセットテープ	磁带	ツーダイ
数える	数	シュー
家族	家属	ジアーシュー
ガソリン	汽油	チーヨウ
ガソリンスタンド	加油站	ジアーヨウヂャン
肩	肩膀	ジエンバン
硬い	硬	イン
形	形状	シンチュアン
かたづける	收	ショウ
片道	单程	ダンチョン
片道切符	单程票	ダンチョンピアオ
価値がある	值钱	ヂーチエン
家畜	家畜	ジアーチュー
勝つ	赢	イン
楽器	乐器	ユエチー
カッコイイ	好看	ハオカン
学校	学校	シュエシアオ
合唱	合唱	ホーチャン
勝手な	任性	レンシン
活発	活泼	フオポー
仮定する	假定	ジアーディン
家庭	家庭	ジアーティン
カーテン	窗帘	チュアンリエン
カード	卡片	カーピエン
家電製品	家电	ジアーディエン
カトリック	天主教	ティエンチューヂャオ
悲しい	悲哀	ベイアイ
カナダ	加拿大	ジアーナーダー
必ず	一定	イーディン
カニ	螃蟹	パンシエ
カネ(money)	钱	チエン
金持ち	大款	ダークアン
可能性	可能性	クーヌンシン
彼女	她	ター
カバン	包	バオ
株式会社	股份公司	グーフェンゴンスー
壁	墙	チアン

カボチャ	南瓜	ナングア
我慢する	耐心	ナイシン
紙	纸	ヂー
髪	头发	トウファ
神	上帝	シャンディー
カミソリ	剃刀	ティーダオ
噛む	咬	ヤオ
亀	乌龟	ウーグイ
瓶(カメ)	缸	ガン
カメラ	照相机	チャオシャンジー
カメラマン	摄影师	ショーインシー
鴨	野鸭	イエヤー
粥	粥	ヂョウ
かゆい	痒	ヤン
火曜日	星期二	シンチーアール
カラーフィルム	彩色胶卷	ツァイスージアオジュエン
辛い	辣	ラー
カラス	乌鸦	ウーヤー
ガラス	玻璃	ボーリー
からだ	身体	シェンティー
借りる	借	ジエ
軽い	轻	チン
彼	他	ター
彼ら	他们	ターメン
カレンダー	日历	リーリー
皮	皮	ピー
川	河	ホー
かわいい	可爱	クーアイ
かわいそう	可怜	クーリエン
乾く	干	ガン
乾かす	晒干	シャイガン
変わる	变化	ビエンホア
変わり者	怪人	グアイレン
代わる	代替	ダイティー
ガン	癌	アイ
肝炎	肝炎	ガンイエン
眼科	眼科	イエンクー
(〜に)関する	关于	グアンユィー
考える	思考	スーカオ
考え	想法	シアンファー
感覚	感觉	ガンジュエ
環境	环境	ホアンジン
環境破壊	环境破坏	ホアンジンポーホアイ
環境問題	环境问题	ホアンジンウェンティー
頑固	顽固	ワングー
缶づめ	罐头	グアントウ
関係	关系	グアンシ
観光	观光	グアングアン
観光客	游客	ヨウクー
観光地	旅游地点	リューヨウディーディエン
韓国	韩国	ハングオ
韓国人	韩国人	ハングオレン
看護婦	护士	フーシ
感謝する	感谢	ガンシエ
患者	病人	ビンレン
感情	感情	ガンチン
勘定する	结帐	ジエヂャン
感心する	佩服	ペイフー
肝臓	肝脏	ガンザン
感想	感想	ガンシアン
乾燥した	干燥	ガンザオ
簡単	简单	ジエンダン
監督	监督	ジエンドゥー
乾杯	干杯	ガンベイ
がんばる	努力	ヌーリー
がんばれ!	加油	ジアーヨウ
看板	招牌	チャオパイ
缶ビール	听装啤酒	ティンヂュアンピージウ
漢方薬	中药	ヂョンヤオ
カンボジア	柬埔寨	ジエンブーチャイ
木	树	シュー
気が合う	合得来	ホーダライ
気が大きい	大方	ダーファン
気が重い	闷	メン
気が狂う	发疯	ファーフォン
気が小さい	胆子小	ダンズシャオ
気が強い	好强	ハオチアン
気が長い	慢性子	マンシンズ
気が短い	急性子	ジーシンズ
気が楽になる	轻松	チンソン
気に入る	中意	ヂョンイー
気にしない	不在意	ブーザイイー
気にする	惦记	ディエンジ
気を失う	昏倒	フンダオ
気をつける	小心	シアオシン
黄色	黄	ホアン
消える	消失	シアオシー
気温	气温	チーウェン
機械	机器	ジーチー
機会	机会	ジーホイ
着替える	换衣服	ホアンイーフ
期間	期间	チージエン
気管支炎	支气管炎	ヂーチーグアンイエン
聞く	听	ティン

かほ→きく

日本語	中国語	発音
効く	有效果	ヨウシアオグオ
期限	期限	チーシエン
機嫌がいい	高兴	ガオシン
機嫌が悪い	不高兴	ブーガオシン
気候	气候	チーホウ
帰国	回国	ホイグオ
既婚	已婚	イーフン
期日	日期	リーチー
技術	技术	ジーシュー
キス	亲吻	チンウエン
傷	伤	シャン
傷つける	伤害	シャンハイ
規則	规则	グイズー
規制	控制	コンヂ
犠牲	牺牲	シーション
寄生虫	寄生虫	ジーションチョン
季節	季节	ジージエ
北	北	ベイ
期待する	期望	チーワン
きたない	脏	ザン
基地	基地	ジーディー
貴重品	贵重物品	グイヂョンウーピン
きつい	辛苦	シンクー
喫茶店	咖啡店	カーフェイディエン
切手	邮票	ヨウピアオ
切符	票	ピアオ
記入する	填写	ティエンシエ
絹	丝绸	スーチョウ
記念	纪念	ジーニエン
記念日	纪念日	ジーニエンリー
昨日	昨天	ズオティエン
きびしい	严	イエン
寄付する	捐款	ジュエンクアン
気分がいい	心情好	シンチンハオ
気分が悪い	恶心	ウーシン
希望する	希望	シーワン
奇妙な	奇妙	チーミャオ
義務	义务	イーウー
義務教育	义务教育	イーウージアオユィー
決める	决定	ジュエディン
気持ち	心情	シンチン
気持ちいい	舒服	シューフ
気持ち悪い	不舒服	ブーシューフ
疑問	疑问	イーウェン
客	客人	クーレン
キャッシュカード	提款卡	ティークアンカー
キャンセルする	取消	チューシャオ
キャンセル待ち	等待取消	ドンダイチューシャオ
9	九	ジウ
休暇	放假	ファンジア
救急車	救护车	ジウフーチョー
休憩	休息	シウシ
急行列車	快车	クアイチョー
休日	假日	ジアリー
旧跡	古迹	グージー
牛肉	牛肉	ニウロウ
牛乳	牛奶	ニウナイ
急用	急事	ジーシー
キュウリ	黄瓜	ホアングア
給料	工资	コンズー
今日	今天	ジンティエン
教育	教育	ジアオユィー
行儀がいい	有礼貌	ヨウリーマオ
行儀が悪い	不礼貌	ブーリーマオ
教会	教堂	ジアオタン
教科書	课本	クーベン
競技場	赛场	サイチャン
狂牛病	狂牛病	クアンニウピン
狂犬病	狂犬病	クアンチュエンピン
共産主義	共产主义	ゴンチャンヂューイー
共産党	共产党	ゴンチャンダン
行事	仪式	イーシー
競争(試合)	竞赛	ジンサイ
競争(ことがら)	竞争	ジンヂョン
兄弟	兄弟	シオンディー
恐怖	恐怖	コンブー
興味がある	有兴趣	ヨウシンチュ
協力する	合作	ホーズオ
許可	许可	シューコー
去年	去年	チューニエン
距離	距离	ジューリー
きらい	不喜欢	ブーシーホアン
霧	雾	ウー
キリスト教	基督教	ジードゥージアオ
切る(刃物で)	切	チエ
切る(はさみで)	剪	ジエン
切る(関係を)	断绝	ドゥアンジュエ
着る	穿	チュアン
きれいな	漂亮	ピャオリャン
キログラム	公斤	ゴンジン
キロメートル	公里	ゴンリー
金	黄金	ホアンジン
金を売る貴金属店	金行	ジンハン
銀	银	イン

禁煙する	戒烟	ジエイエン		くどくど	罗嗦	ルオスオ
禁煙席	禁烟座位	ジンイエンズオウェイ		国	国家	グオジア
近眼	近视	ジンシー		首	脖子	ボーズ
緊急	緊急	ジンジー		首になる(解雇)	被开除	ベイカイチュー
銀行	银行	インハン		クモ	蜘蛛	チーチュー
禁止	禁止	ジンヂー		雲	云	ユン
近所	附近	フージン		くもり	多云	ドゥオユン
近代化	现代化	シエンダイホア		クーラー	冷气	ルンチー
緊張する	紧张	ジンチャン		暗い	暗	アン
筋肉	肌肉	ジーロウ		クラクション	喇叭	ラーバー
緊迫する	紧张	ジンチャン		クラスメート	同班同学	トンバントンシュエ
勤勉な	勤勉	チンミエン		クラシック	古典	グーディエン
金曜日	星期五	シンチーウー		比べる	比较	ビージアオ
区	区	チュー		グラム	克	クー
食いしんぼう	美食家	メイシージャー		くり返す	反复	ファンフー
空気	空气	コンチー		クリスマス	圣诞节	ションダンジエ
空港	机场	ジーチャン		クリーニング	洗衣	シーイー
空席	空位	コンウェイ		来る	过来	グオライ
偶然	偶然	オウラン		くるしい	难受	ナンショウ
9月	9月	ジュウエ		クレジットカード	信用卡	シンヨンカー
クギ	钉子	ディンズ		ぐれる	堕落	トゥオルオ
草	草	ツァオ		黒い	黑的	ヘイダ
くさい	臭	チョウ		苦労する	吃苦	チークー
腐る	坏	ホアイ		加える	加	ジアー
腐りやすい	容易坏	ロンイーホアイ		くわしい	详细	シアンシー
くし(串)	串	チュアン		加わる(参加)	参加	ツァンジャー
くし(櫛)	梳子	シューズ		軍隊	军队	ジュンドゥイ
苦情を言う	提意见	ティーイージエン		軍人	军人	ジュンレン
くすぐったい	麻痒	マーヤン		毛	毛	マオ
薬	药	ヤオ		経営する	经营	ジンイン
薬屋	药店	ヤオディエン		計画	计划	ジーホア
くすり指	无名指	ウーミンヂー		経験	经验	ジンイエン
糞	粪便	フェンピエン		傾向	倾向	チンシャン
くだもの	水果	シュイグオ		経済	经济	ジンジー
くだらない	无聊	ウーリアオ		経済学	经济学	ジンジーシュエ
口	嘴	ズイ		経済危機	经济危机	ジンジーウェイジー
口がうまい	嘴巧	ズイチアオ		経済成長	经济成长	ジンジーチョンチャン
口が重い	话少	ホアシャオ		警察	公安	ゴンアン
口が軽い	嘴快	ズイクアイ		警察官	警察	ジンチャー
口が悪い	嘴尖	ズイジエン		警察署	公安局	コンアンジュー
くちびる	唇	チェン		計算する	算	スアン
口紅	口红	コウホン		芸術	艺术	イーシュー
靴	鞋	シエ		芸術家	艺术家	イーシュージア
靴屋	鞋店	シエディエン		芸術品	艺术作品	イーシューズオピン
くつした	袜子	ワーズ		携帯電話	手机	ショウジー
くっつく	粘住	ニエンヂュー		競馬	赛马	サイマー
くっつける	贴	ティエ		経費	经费	ジンフェイ

きん→けい

日本語	中文	ピンイン
軽べつする	看不起	カンプチー
刑務所	监狱	ジエンユィ
契約	合同	ホートン
契約書	合同书	ホートンシュー
ケガ	伤	シャン
外科	外科	ワイクー
毛皮	毛皮	マオピー
ケーキ	蛋糕	ダンガオ
劇	戏剧	シージュー
劇場	剧场	ジューチャン
今朝	今早	ジンザオ
下剤	腹泻药	フージエヤオ
景色	风景	フォンジン
消しゴム	橡皮	シアンピー
化粧する	化妆	ホアヂュアン
化粧品	化妆品	ホアヂュアンピン
消す(スィッチ)	关	グアン
消す(火)	灭	ミエ
けち	小气	シャオチー
血圧	血压	シュエヤー
血液型	血型	シュエシン
結果	结果	ジエグオ
結核	结核	ジエホー
月経	月经	ユエジン
結婚する	结婚	ジエフン
結婚式	结婚典礼	ジエフンディエンリー
欠席	缺席	チュエシー
欠点	缺点	チュエディエン
ゲップ	嗝儿	ガール
月賦	分期付款	フェンチーフークアン
月曜日	星期一	シンチーイー
解熱剤	退烧药	トゥイシャオヤオ
ゲーム	比赛	ピーサイ
けむり	烟	イエン
下痢をする	拉肚子	ラードゥーズ
下痢どめ	止泻药	ヂーシエヤオ
ける	踢	ティー
県	县	シエン
原因	原因	ユエンイン
ケンカする	吵架	チャオジア
見学する	参观	ツァングアン
元気(カラダ)	身体好	シェンティーハオ
元気(気力)	精神	ジンシェン
研究する	研究	イエンジウ
健康	健康	ジエンカン
現在	现在	シエンザイ
検査	检查	ジエンチャー
原産地	原产地	ユエンチャンディー
研修	进修	ジンシウ
拳銃	手枪	ショウチアン
原子力	原子能	ユエンズノン
原子爆弾	原子弹	ユエンズダン
原子力発電所	原子能发电所	ユエンズヌンファーディエンスオ
現像	冲洗	チョンシー
建築	建筑	ジエンデュー
憲法	宪法	シエンファー
権利	权利	チュエンリー
5	五	ウー
5月	5月	ウーユエ
濃い	浓	ノン
恋	恋爱	リエンアイ
恋しい	思念	スーニエン
恋する	爱	アイ
恋人	情人	チンレン
工員	工人	ゴンレン
公園	公园	ゴンユエン
効果	效果	シアオグオ
豪華な	豪华	ハオホア
硬貨	硬币	インピー
後悔する	后悔	ホウホイ
公害	公害	ゴンハイ
郊外	郊外	ジアオワイ
合格	合格	ホーグー
交換する	换	ホアン
睾丸	睾丸	ガオワン
好奇心	好奇心	ハオチーシン
抗議する	提抗议	ティーカンイー
工業	工业	ゴンイエ
航空券	飞机票	フェイジーピャオ
航空会社	航空公司	ハンコンゴンスー
航空便	空运	コンウィン
高血圧	高血压	ガオシュエヤー
口語	口语	コウウィー
高校	高中	ガオヂョン
広告	广告	グアンガオ
口座	户头	フートウ
口座番号	户头号码	フートウハオマー
交差点	十字路口	シーズールーコウ
工事	工程	ゴンチョン
工事中	施工中	シーゴンチョン
公衆電話	公用电话	ゴンヨンディエンホア
公衆トイレ	公共厕所	ゴンゴンツースオ
交渉する	交涉	ジアオショー
工場	工厂	ゴンチャン

香辛料	香料	シャンリャオ		国境	国境	グオジン
香水	香水	シャンシュイ		コック	厨师	チューシー
洪水	洪水	ホンシュイ		骨折	骨折	グージョー
高層ビル	高层建筑	ガオツンジエンヂュー		小包	包裹	バオグオ
高速道路	高速公路	ガオスーゴンルー		コップ	杯子	ベイズ
紅茶	红茶	ホンチャー		孤独な	孤独	グードゥー
交通	交通	ジアオトン		今年	今年	ジンニエン
交通事故	交通事故	ジアオトンシーグー		ことば	话	ホア
強盗	强盗	チアンダオ		こども	小孩子	シアオハイズ
幸福	幸福	シンフー		こどもっぽい	孩子气	ハイズチー
興奮する	兴奋	シンフェン		小鳥	小鸟	シアオニアオ
公平	公平	ゴンピン		ことわざ	谚语	イエンユィ
公務員	公务员	ゴンウーユエン		ことわる	拒绝	ジュージュエ
小売り	零售	リンショウ		この	这个	チェイガ
交流	交流	ジアオリウ		このように	这样	チェイヤン
紅楼夢	红楼梦	ホンロウモン		コネ	后门	ホウメン
声	声音	ションイン		(コメの)ごはん	米饭	ミーファン
声が大きい	声音大	ションインダー		コピーする	复印	フーイン
声が小さい	声音小	ションインシャオ		困る	为难	ウェイナン
越える	超过	チャオグオ		ゴミ	垃圾	ラージー
氷	冰	ピン		ゴミ箱	果皮箱	グオピーシャン
こおる	结冰	ジエビン		小麦粉	面粉	ミエンフェン
コーヒー	咖啡	カーフェイ		米	大米	ダーミー
誤解する	误解	ウージエ		ごめんなさい	对不起	ドゥイブチー
コカコーラ	可口可乐	クーコウクーラー		小指	小指	シアオヂー
小切手	支票	ヂーピャオ		ゴルフ	高儿夫球	ガオアールフーチウ
ゴキブリ	蟑螂	チャンラン		これ	这	チョー
故郷	故乡	グーシャン		コレラ	霍乱	フオルアン
国際電話	国际电话	グオジーディエンホア		殺す	杀	シャー
国籍	国籍	グオジー		ころぶ	摔	シュアイ
国民	国民	グオミン		こわい	可怕	クーパー
こげる	焦	ジャオ		こわす	破坏	ポーホアイ
ここ	这儿	チョール		こわれる	坏	ホアイ
午後	下午	シアウー		今回	这次	チョーツー
心	心	シン		今月	本月	ベンユエ
腰	腰	ヤオ		混雑する	拥挤	ヨンジー
乞食	乞丐	チーガイ		コンサート	音乐会	インユエホイ
コショウ	胡椒	フージャオ		今週	本周	ベンヂョウ
故障する	故障	グーチャン		コンセント	插座	チャーズオ
個人	个人	グーレン		コンタクトレンズ	隐形眼镜	インシンイエンジン
戸籍	户口	フーコウ		今度(今回)	这次	チェイツー
小銭	零钱	リンチエン		(次回)	下次	シアツー
△午前	上午	シャンウー		コンドーム	避孕套	ビーユンタオ
答える	回答	ホイダー		こんにちは	你好	ニーハオ
国歌	国歌	グオガー		今晩	今晚	ジンワン
国家安全局	国家安全局	グオジアアンチュエンジュー		コンピューター	电脑	ディエンナオ
国旗	国旗	グオチー		婚約する	订婚	ディンフン

こう→こん

さ 行

日本語	中文	発音
最悪	最坏	ズイホアイ
再会する	重逢	チョンフォン
差がある	有差异	ヨウチャーイー
最近	最近	ズイジン
細菌	细菌	シージュン
歳月	岁月	スイユエ
最後	最后	ズイホウ
最高の	最好的	ズイハオダ
サイコロ	色子	スーズ
再婚	再婚	ザイフン
祭日	节日	ジエリー
最初	第一次	ディーイーツー
最小	最小	ズイシャオ
最新	最新	ズイシン
サイズ	尺寸	チーツン
最大	最大	ズイダー
才能	才能	ツァイヌン
裁判	审判	シェンパン
裁判所	法院	ファーユエン
サイフ	钱包	チエンパオ
材料	材料	ツァイリアオ
サイン	签名	チエンミン
サウナ	桑拿	サンナー
坂	坡道	ポーダオ
探す	寻找	シュンヂャオ
魚	鱼	ユィ
さがる	下降	シアジアン
咲く	开	カイ
昨晩	昨晚	ズオワン
サクラ	樱花	インホア
酒	酒	ジウ
酒飲み	爱喝酒	アイホージウ
さけぶ	喊	ハン
避ける	避开	ピーカイ
差出人	发信人	ファーシンレン
刺身	生鱼片	ションユィピエン
指す	指	ヂー
座席	座位	ズオウェイ
座席番号	座位号码	ズオウェイハオマー
～させる	让	ラン
さそう	邀请	ヤオチン
撮影禁止	禁止拍照	ジンジーパイヂャオ
撮影可	可以拍照	クーイーパイヂャオ
サッカー	足球	ズーチウ
さっき	刚才	ガンツァイ
雑誌	杂志	ザーヂー
砂糖	糖	タン
砂漠	沙漠	シャーモー
さびしい	寂寞	ジーモー
サービス料	服务费	フーウーフェイ
差別	歧视	チーシー
さむい	冷	ルン
さめる	凉	リャン
皿	碟子	ディエズ
サラダ	色拉	スーラー
サル	猴子	ホウズ
さわる	摸	モー
3	三	サン
3月	三月	サンユエ
三国演義(三国志)	三国演义	サングオイエンイー
珊瑚	珊瑚	シャンフー
算数	算术	スアンシュー
サンダル	凉鞋	リャンシエ
サンドイッチ	三明治	サンミンヂー
山椒	花椒	ホアジャオ
残念	遗憾	イーハン
散髪	理发	リーファー
産婦人科	妇科	フークー
散歩する	散步	サンプー
市	市	シー
詩	诗	シー
試合	比赛	ピーサイ
しあわせ	幸福	シンフー
寺院	寺院	スーユエン
塩	盐	イエン
しおからい	咸	シエン
仕送りする	寄生活费	ジーションフオフェイ
市街地	市区	シーチュー
資格	资格	ズーグー
しかし	但是	ダンシ
4月	4月	スーユエ
しかる	责备	ズーベイ
時間	时间	シージエン
史記	史记	シージー
四季	四季	スージー
試験	考试	カオシー
資源	资源	ズーユエン
事故	事故	シーグー
時刻表	时刻表	シークーピアオ
仕事	工作	ゴンズオ
時差	时差	シーチャー
市場経済	市场经济	シーチャンジンジー

日本語	中国語	発音
辞書	词典	ツーディエン
しずか	宁静	ニンジン
しずむ	沉没	チェンモー
施設	设施	ショーシー
自然	自然	ズーラン
思想	思想	スーシャン
子孫	子孙	ズースン
下	下面	シアミエン
時代遅れ	落后	ルオホウ
下着	内衣	ネイイー
仕立てる	定做	ディンズオ
7	七	チー
7月	7月	チーユエ
質屋	当铺	ダンプー
試着する	试身	シーシェン
シーツ	床单	チュアンダン
実業家	企业家	チーイエジア
失業する	失业	シーイエ
しつこい	粘缠	チャンチャン
実際は	实际上	シージーシャン
嫉妬する	妒忌	ドゥージー
湿度	湿度	シードゥー
失敗	失败	シーバイ
湿布	湿敷	シーフー
質問	询问	シュンウェン
失礼な	不礼貌	プーリーマオ
失恋	失恋	シーリエン
実は……	说实在	シュオシーザイ
CD	CD	シーディー
自転車	脚踏车	ジャオターチョー
自動	自动	ズードン
自動車	汽车	チーチョー
自動販売機	自动售货机	ズードンショウフオジー
児童	儿童	アルトン
死ぬ	死	スー
支配人	经理	ジンリー
しばしば	经常	ジンチャン
しばる	捆	クン
持病	老毛病	ラオマオビン
しびれる	麻	マー
自分	自己	ズージー
紙幣	纸币	ヂーピー
脂肪	脂肪	ヂーファン
しぼる	榨	チャー
資本主義	资本主义	ズーベンチューイー
資本家	资本家	ズーベンジア
島	岛	ダオ
姉妹	姐妹	ジエメイ
しまう	收	ショウ
自慢する	自夸	ズークア
地味な	朴素	プースー
事務所	办事处	バンシーチュー
氏名	姓名	シンミン
しめった	潮湿	チャオシー
閉める	关	グアン
地面	地面	ディーミエン
社会主義	社会主义	ショーホイチューイー
社会	社会	ショーホイ
社会福祉	福利	フーリー
ジャガイモ	土豆	トゥードウ
市役所	市政府	シーチョンフー
車掌	列车员	リエチョーユエン
写真	照片	チャオピエン
写真屋(撮影)	照相馆	チャオシアングアン
写真屋(DPE)	冲洗店	チョンシーディエン
ジャズ	爵士音乐	ジュエシーインユエ
社長	董事长	ドンシーチャン
シャツ	衬衫	チェンシャン
借金	借款	ジエクアン
シャッター(カメラ)	快门	クアイメン
ジャーナリスト	新闻记者	シンウェンジーヂョー
じゃまをする	阻碍	ズーアイ
ジャム	果酱	グオジアン
シャワー	淋浴	リンユィ
シャンプー	洗发水	シーファーシュイ
週	周	ヂョウ
自由	自由	ズーヨウ
自由化	自由化	ズーヨウホア
自由主義	自由主义	ズーヨウヂューイー
10	十	シー
10月	10月	シーユエ
11月	11月	シーイーユエ
12月	12月	シーアールユエ
周囲	周围	ヂョウエイ
習慣	习惯	シーグアン
宗教	宗教	ゾンジアオ
住所	地址	ディーヂー
重傷	重伤	チョンシャン
渋滞	塞车	サイチョー
重体	病危	ピンウェイ
集中する	集中	ジーヂョン
集中力	集中力	ジーヂョンリー
習得する	学会	シュエホイ
収入	收入	ショウルー

し→しょ

日本語	中国語	発音	日本語	中国語	発音
充分	充分	チョンフェン	賞品	奖品	ジャンピン
修理する	修理	シウリー	上品	潇洒	シャオサー
授業	上课	シャンクー	じょうぶ	结实	ジエシ
宿題	作业	ズオイエ	しょうべん	小便	シャオピエン
宿泊客	住客	チューク—	情報	消息	シアオシ
手術	手术	ショウシュー	消防署	消防站	シアオファンチャン
首相	首相	ショウシアン	証明書	証明书	チョンミンシュー
主人(店の)	老板	ラオバン	正面	正面	チョンミエン
主人(家の)	家长	ジャーチャン	条約	条件	ティアオユエ
主人(妻が夫のことを)	老公	ラオゴン	しょうゆ	酱油	ジャンヨウ
出血	出血	チューシュエ	将来	将来	ジャンライ
出国	出国	チューグオ	使用料	使用费	シーヨンフェイ
出国カード	出境登记卡	チュージンドンジーカー	ショー	表演	ピャオイエン
出産する	出生	チューション	食事	用餐	ヨンツァン
出発する	出发	チューファー	食堂	食堂	シータン
出発時間	出发时间	チューファーシージエン	食堂車	餐车	ツァンチョー
出版社	出版社	チューバンショー	植物	植物	チーウー
首都	首都	ショウドゥー	植物園	植物园	チーウーユエン
主婦	家庭妇女	ジアーティンフーニュー	植民地	殖民地	チーミンディー
趣味	爱好	アイハオ	食欲がない	没胃口	メイウェイコウ
種類	种类	チョンレイ	処女	处女	チューニュー
純粋(ものの純度)	纯粹	チュンツイ	女性	女性	ニューシン
純粋(性格)	天真	ティエンチェン	庶民	老百姓	ラオバイシン
準備する	准备	チュンペイ	書類	文件	ウェンジエン
賞	奖	ジアン	知らせる	通知	トンチー
紹介する	介绍	ジエシャオ	しらべる	调查	ディアオチャー
小学校	小学	シアオシュエ	私立	私立	スーリー
正月	正月	チョンユエ	知る	知道	チーダオ
乗客	乘客	チョンクー	知っている	知道	チーダオ
条件	条件	ティアオジエン	知らない	不知道	ブーチーダオ
証拠	证据	チョンジュー	白	白	パイ
正午	中午	チョンウー	シンガポール	新加坡	シンジャーポー
上司	上司	シャンスー	進学する	升学	ションシュエ
正直	老实	ラオシー	シングルルーム	单人房	ダンレンファン
精進料理	素菜	スーツァイ	神経	神经	シェンジン
少女	少女	シャオニュー	人工	人造	レンザオ
上手	好	ハオ	人口	人口	レンコウ
少数民族	少数民族	シャオシューミンズー	申告	报告	バオガオ
小説	小说	シアオシュオ	深刻	深刻	シェンコー
招待	邀请	ヤオチン	新婚	新婚	シンフン
じょうだんを言う	开玩笑	カイワンシアオ	新婚旅行	蜜月	ミーユエ
消毒	消毒	シャオドゥー	診察	诊断	チェンドゥアン
衝突する	撞	チュアン	真実	真实	チェンシー
商人	商人	シャンレン	真珠	珍珠	チェンチュー
少年	少年	シャオニエン	人種	人种	レンチョン
商売	生意	ションイー	信じる	相信	シアンシン
商品	商品	シャンピン	人生	人生	レンション

ジーンズ	牛仔裤	ニウザイクー		ストロー	麦管	マイグアン
申請	申请	シェンチン		砂	沙子	シャーズ
親戚	亲戚	チンチー		素直	纯朴	チュンプー
親切	亲切	チンチエ		スーパーマーケット	超市	チャオシー
新鮮	新鲜	シンシエン		スパイ	间谍	ジエンディエ
心臓	心脏	シンザン		すばらしい	很棒	ヘンバン
腎臓	肾脏	シェンザン		スパゲッティー	意大利面	イーターリーミエン
寝台車	卧铺	ウオープー		スピード	速度	スードゥー
身体障害者	残疾人	ツァンジーレン		スープ	汤	タン
身長	身高	シェンガオ		スプーン	勺子	シャオズ
心配する	惦记	ディエンジ		スペイン	西班牙	シーバンヤー
新聞	报纸	パオジー		すべて	一切	イーチエ
進歩する	进步	ジンプー		すべる	滑	ホア
じんましん	荨麻疹	シュンマーチェン		スポーツ	体育	ティーユィー
親友	好朋友	ハオポンヨウ		ズボン	裤子	クーズ
信頼する	相信	シャンシン		すみません	对不起	ドゥイブチー
酢	醋	ツー		炭	炭	タン
水泳	游泳	ヨウヨン		住む	住	チュー
水滸伝	水浒传	シュイフーチュアン		済む	完	ワン
推薦	推荐	トイジエン		スラム	贫民窟	ピンミンクー
スイス	瑞士	ルイシー		スリ	扒手	パーショウ
スイッチ	开关	カイグアン		ずるい	精	ジン
水道	自来水	ズーライシュイ		するどい	锐利	ルイリー
水道水	自来水	ズーライシュイ		すわる	坐	ズオ
炊飯器	电饭锅	ディエンファングオ		寸法	尺寸	チーツン
水墨画	水墨画	シュイモーホア		性	性	シン
水曜日	星期三	シンチーサン		誠意	诚心诚意	チャンシンチェンイー
吸う	吸	シー		西欧	西欧	シーオウ
数字	数字	シューズー		性格	性格	シングー
スカート	裙子	チュンズ		正確な	正确	チェンチュエ
好き	喜欢	シーホアン		生活	生活	ションフォ
スキー	滑雪	ホアシュエ		生活費	生活费	ションフオフェイ
すぐに	马上	マーシャン		世紀	世纪	シージー
スケベ	下流	シアリウ		正義	正义	チェンイー
すこし	一点	イーディエン		請求する	要求	ヤオチュウ
すずしい	凉快	リアンクアイ		請求書	付款单	フークアンダン
スター	明星	ミンシン		税金	税金	シュイジン
スチュワーデス	空中小姐	コンチョンシアオジエ		清潔な	干净	ガンジン
スーツ	套装	タオチュアン		制限	限制	シエンチー
頭痛	头痛	トウトン		性交	性交	シンジアオ
スーツケース	旅行包	リューシンバオ		成功する	成功	チェンゴン
ずっと	一直	イーチー		生産する	生产	ションチャン
すっぱい	酸	スアン		政治	政治	チョンヂー
ステーキ	牛排	ニウパイ		政治家	政治家	チョンヂージア
すでに	已经	イージン		聖書	圣经	ションジン
すてる	扔	ルン		聖人君子	正人君子	チョンレンチュンズ
スト	罢工	バーゴン		精神	精神	ジンシェン

しん↓せい

日本語	中文	ピンイン
精神科	神经科	シェンジンクー
精神病	神经病	シェンジンビン
成績	成绩	チョンジー
製造する	制造	ヂーザオ
製造業	制造业	ヂーザオイエ
ぜいたくな	奢侈	ショーチー
成長する	成长	チョンチャン
生徒	学生	シュエション
青年	青年	チンニエン
生年月日	出生年月日	チューションニエンユエリー
性病	性病	シンビン
政府	政府	ヂョンフ
生命	生命	ションミン
西洋	西洋	シーヤン
西洋人	西方人	シーファンレン
生理用品	卫生巾	ウェイションジン
西暦	公历	ゴンリー
背負う	背	ベイ
世界	世界	シージエ
席	坐位	ズオウェイ
咳	咳嗽	クーソウ
石炭	煤炭	メイタン
責任がある	负责	フーツー
石油	石油	シーヨウ
セクシー	性感	シンガン
世間	世面	シーミエン
セーター	毛衣	マオイー
積極的	积极	ジージー
セッケン	肥皂	フェイザオ
接続	连接	リエンジエ
絶対に	绝对	ジュエドゥイ
説明する	说明	シュオミン
節約する	节约	ジエユエ
設立	设立	ショーリー
せまい	窄	チャイ
セールスマン	推销员	トイシャオユエン
ゼロ	零	リン
セロテープ	透明胶	トウミンジャオ
世話する	照顾	ヂャオグ
千	千	チエン
線	线	シエン
全員	全体人员	チュエンティーレンユエン
洗顔	洗脸	シーリエン
選挙	选举	シュエンジュー
戦後	战后	チャンホウ
線香	香	シャン
専攻	专业	ヂュアンイエ
先日	前一天	チエンイーティエン
洗剤	洗涤剂	シーティアオジー
戦死	战死	チャンスー
戦車	坦克	タンクー
先進国	发达国家	ファーダーグオジア
先生	老师	ラオシー
先祖	祖先	ズーシエン
戦争	战争	チャンヂョン
洗濯する	洗衣服	シーイーフ
全部	全部	チュエンブー
専門学校(高卒対象)	大专	ダーヂュアン
ゾウ	象	シアン
倉庫	仓库	ツァンクー
操作する	操作	ツァオズオ
そうじ	打扫	ダーサオ
葬式	葬礼	ザンリー
想像する	想象	シャンシアン
相談	商量	シャンリャン
騒動	骚乱	サオルアン
速達	快信	クァイシン
そこ	那儿	ナール
底	底	ディー
そして	而且	アールチエ
そだてる	养	ヤン
卒業	毕业	ビーイエ
外	外面	ワイミエン
そっくり	很象	ヘンシアン
そば(近く)	靠近	ヤオジン
ソフト	软件	ルアンジエン
染める	染	ラン
空	天空	ティエンコン
剃る	刮	グア
それ	那	ナー
それから	还有	ハイヨウ
それとも	或者	フオヂョー
それら	那些	ナーシエ
損害	损害	スンハイ
尊敬する	尊敬	ズンジン

た 行

日本語	中文	ピンイン
タイ	泰国	タイグオ
ダイエット	减肥	ジエンフェイ
退院	出院	チューユエン
体温	体温	ティーウェン
体温計	体温表	ティーウェンビャオ
大学	大学	ダーシュエ
大学生	大学生	ダーシュエション

大工	木匠	ムージャン
たいくつ	无聊	ウーリャオ
大使	大使	ダーシー
大使館	大使馆	ダーシーグアン
体重	体重	ティーチョン
だいじょうぶ	没问题	メイウェンティー
退職	退职	トゥイチー
耐水性	防水	ファンシュイ
大切	重要	チョンヤオ
大地	大地	ダーディー
たいてい	大概	ダーガイ
態度がよい	好态度	ハオタイドゥ
態度が悪い	坏态度	ホアイタイドゥ
大統領	总统	ゾントン
台所	厨房	チューファン
第2次世界大戦	第二次世界大战	ディアールツーシージエダーチャン
大半	大部分	ダーブーフェン
台風	台风	タイフォン
大便	大便	ダービエン
逮捕する	逮捕	ダイブ
題名	题目	ティームー
ダイヤモンド	钻石	ズアンシー
太陽	太阳	タイヤン
大陸	大陆	ダールー
代理人	代理人	ダイリーレン
台湾	台湾	タイワン
耐える	忍耐	レンナイ
耐えられない	忍不住	レンブチュー
タオル	毛巾	マオジン
たおれる	倒	ダオ
高い(高さ)	高	ガオ
高い(値段)	贵	グイ
互いに	互相	フーシャン
炊く	煮	チュー
抱く	抱	バオ
たくさん	多	ドゥオ
タクシー	出租汽车	チューズーチーチョー
タクシー乗り場	出租汽车站	チューズーチーチョージャン
竹	竹子	チューズ
タコ	章鱼	ジャンユィー
凧	风筝	フォンチョン
確かな(sure)	确实	チュエシー
たしかめる	确认	チュエレン
足す	加	ジアー
ダース	打	ダー
たすける	帮助	バンチュー
たたかう	战斗	チャンドウ
たたく	打	ダー
たたむ	折叠	チョーディエ
ただしい	正确	チョンチュエ
立入禁止	闲人免进	シエンレンミエンジン
立つ	站	チャン
たった	只	チー
縦	纵	シュー
建物	建筑物	ジエンチューウー
建てる	建造	ジエンザオ
たとえば	比如	ビルー
他人	陌生人	モーションレン
たのしい	愉快	ユィークアイ
たのしむ	享受	シアンショウ
たのむ	拜托	バイトゥオ
タバコ	香烟	シャンイエン
タバコを吸う	吸烟	チョウイエン
ダブルルーム	双人床间	シュアンレンチュアンジエン
たぶん	可能	クーヌン
食べる	吃	チー
食べ物	食品	シーピン
タマゴ	鸡蛋	ジーダン
だます	骗	ピエン
タマネギ	洋葱	ヤンツォン
ためす	试	シー
ためらう	犹豫	ヨウユィー
たよる	靠	カオ
たりる	够	ゴウ
だれ	谁	シェイ
痰	痰	タン
短期	短期	ドゥアンチー
短気	性急	シンジー
単語	单词	ダンツー
短所	短处	ドゥアンチュー
誕生日	生日	ションリー
ダンス	跳舞	ティアオウー
男女平等	男女平等	ナンニューピンドン
男性	男性	ナンシン
団体	团体	トゥアンティー
たんぼ	田	ティエン
暖房	暖气	ヌアンチー
血	血	シュエ
痔	痔	チー
治安がいい	治安好	チーアンハオ
治安が悪い	治安不好	チーアンブーハオ
地位	地位	ディーウェイ
地域	区域	チューイー
ちいさい	小	シャオ

日本語	中国語	ピンイン
チェック(小切手)	支票	ヂーピアオ
チェックアウト	退房	トゥイファン
チェックイン	登记	ドンジー
地下	地下	ディーシア
地下鉄	地铁	ディーティエ
近い	近	ジン
ちがう	不同	ブートン
近づく	接近	ジエジン
地球	地球	ディーチウ
遅刻する	迟到	チーダオ
知識	知识	チーシー
父	父亲	フーチン
ちぢむ	收缩	ショウスオ
地図	地图	ディートゥー
地方	地方	ディーファン
茶	茶	チャー
茶色	咖啡色	カーフェイスー
着陸	下降	シアジャン
チャーター	包	バオ
チャンス	好机会	ハオジーホイ
チャンネル	频道	ピンダオ
注意	注意	チューイー
中学校	初中	チューチョン
中ぐらい	中等	チョンドン
中国	中国	チョングオ
中国語	中文	チョンウェン
中国人	中国人	チョングオレン
中国茶	中国茶	チョングオチャー
中止	中止	チョンチー
注射	打针	ダーチェン
駐車する	停车	ティンチョー
駐車禁止	禁止停车	ジンヂーティンチョー
駐車場	停车场	ティンチョーチャン
昼食	午饭	ウーファン
中心	中心	チョンシン
注文する	订	ディン
腸	肠	チャン
蝶	蝴蝶	フーディエ
長所	好处	ハオチュー
朝食	早饭	ザオファン
長身	高个子	ガオグーズ
調整する	调整	ティアオヂョン
調節	调节	ティアオジエ
朝鮮	朝鲜	チャオシエン
ちょうどいい	正好	チョンハオ
徴兵	征兵	チョンビン
調味料	调味料	ティアオウェイリャオ
地理	地理	ディーリー
治療する	治疗	ヂーリアオ
鎮痛剤	止疼药	ヂートンヤオ
ツアー	旅游团	リューヨウトゥアン
追加する	加上	ジアーシャン
(〜に)ついて	关于	グアンユィー
通貨	通货	トンフオ
通過する	通过	トングオ
通訳する	翻译	ファンイー
つかう(用いる)	用	ヨン
つかう(金,時間)	花	ホア
つかまえる	抓	ヂュア
つかれる	累	レイ
つかれた	累了	レイラ
月	月	ユエ
次	下次	シアーツー
机	桌子	ヂュオズ
つくる	作	ズオ
つける(スイッチ)	开	カイ
土	泥土	ニートゥー
つづく	继续	ジーシュー
つづける	继续	ジーシュー
つつむ	包	バオ
つなぐ	接	ジエ
妻	妻子	チーズ
つまらない	没意思	メイイース
罪	犯罪	ファンズイ
爪	指甲	ヂージア
つめたい	冷	ルン
つよい	强	チアン
つらい(心情)	痛苦	トンクー
つらい(肉体)	辛苦	シンクー
釣り	钓鱼	ディアオユィー
つり銭	找钱	チャオチエン
手	手	ショウ
提案	建议	ジエンイー
Tシャツ	T恤	ティーシュー
ディスコ	迪斯科	ディースークー
ティッシュペーパー	卫生纸	ウェイションヂー
定年	退休	トゥイシウ
でかける	出去	チューチュー
〜できる	能	ヌン
〜できない	不能	ブーヌン
手紙	信	シン
出口	出口	チューコウ
デザイン	设计	ショージー
デザート	甜品	ティエンピン

手数料	手续费	ショウシューフェイ
鉄	铁	ティエ
てつだう	帮助	バンチュー
手続き	手续	ショウシュー
鉄道	铁路	ティエルー
テニス	网球	ワンチウ
手荷物	随身行李	スイシェンシンリー
デパート	百货商场	バイフオシャンチャン
てぶくろ	手套	ショウタオ
テーブル	桌子	チュオズ
デモ	游行	ヨウシン
出る(出てくる)	出来	チューライ
出る(出発)	出发	チューファー
テレビ	电视机	ディエンシージー
店員	售货员	ショウフオユエン
天気	天气	ティエンチー
天気予報	天气预报	ティエンチーユィーバオ
電気	电气	ディエンチー
電圧	电压	ディエンヤー
天国	天堂	ティエンタン
伝言	留言	リウイエン
天才	天才	ティエンツァイ
天井	天花板	ティエンホアバン
添乗員	导游	ダオヨウ
伝染病	传染病	チュアンランビン
電池	电池	ディエンチー
電灯	电灯	ディエンドン
伝統	传统	チュアントン
電話	电话	ディエンホア
電話帳	电话号码簿	ディエンホアハオマブー
電話する	打电话	ダーディエンホア
電話番号	电话号码	ディエンホアハオマー
ドア	门	メン
トイレ	厕所	ツースオ
トイレットペーパー	手纸	ショウヂー
どういたしまして	不客气	ブークーチ
とうがらし	辣椒	ラージァオ
陶磁器	陶瓷器	タオツーチー
東京	东京	ドンジン
どうぞ〜して下さい	请	チン
到着する	到达	ダオダー
到着時刻	抵达时间	ディーダーシージエン
盗難	抢劫	チアンジエ
東南アジア	东南亚	ドンナンヤー
糖尿病	糖尿病	タンニャオビン
豆腐	豆腐	ドウフ
同封する	随附	スイフー
動物	动物	ドンウー
動物園	动物园	ドンウーユエン
トウモロコシ	玉米	ユィーミー
どうやって?	怎样?	ゼンヤン
東洋(東アジア)	东方	ドンファン
東洋人	东方人	ドンファンレン
登録する	登记	ドンジー
遠い	远	ユエン
通り	路	ルー
ときどき	有时候	ヨウシーホウ
毒	毒	ドゥー
独学する	自学	ズーシュエ
特産物	特产	トゥーチャン
読書	看书	カンシュー
独身	单身	ダンシェン
得	便宜	ピエンイー
特徴	特征	トゥーヂョン
独特	独特	ドゥートゥー
特別	特别	トゥーピエ
時計(腕時計)	手表	ショウピャオ
時計(置時計)	钟	ヂョン
どこ	哪儿	ナール
ところで	那么	ナマ
閉じる	关	グアン
都市	城市	チャンシー
歳	岁	スイ
歳上の	长辈	ヂャンベイ
歳下の	小辈	シャオベイ
歳とった	上岁数了	シャンスイシューラ
図書館	图书馆	トゥーシューグアン
トースト	烤面包	カオミエンバオ
土地	土地	トゥーディー
突然	突然	トゥーラン
隣(家)	邻居	リンジュー
飛ぶ	飞	フェイ
徒歩	走路	ゾウルー
トマト	番茄	ファンチエ
とまどう	困惑	クンフオ
止まる	停	ティン
泊まる	住	チュー
友達	朋友	ポンヨウ
伴う	陪	ペイ
土曜日	星期六	シンチーリウ
トラ	老虎	ラオフー
ドライクリーニング	干洗	ガンシー
トラック	卡车	カーチョー
トラベラーズチェック	旅行支票	リューシンヂーピアオ

トランプ	扑克	プークー
鳥	鸟	ニアオ
とり替える	换	ホアン
とり消す	取消	チューシアオ
とり肉	鸡肉	ジーロウ
努力する	努力	ヌーリー
取る(持つ)	拿	ナー
ドル	美元	メイユエン
どれ？	哪个？	ナーガ
泥棒	小偷	シアオトウ
トンネル	隧道	スイダオ

な 行

ない	没有	メイヨウ
内線	内线	ネイシエン
ナイフ	小刀	シアオダオ
内容	内容	ネイロン
直す	修改	シウガイ
治る	修好	シウハオ
中	里面	リーミエン
中指	中指	ヂョンヂー
長い	长	チャン
長い間	好久	ハオジウ
ながめがいい	了望好	リャオワンハオ
ながれる	流	リウ
流れ星	流星	リウシン
泣く	哭	クー
鳴く	叫	ジアオ
なくす	丢	ディウ
なぐる	打	ダー
投げる	扔	ルン
ナス	茄子	チエズ
なぜ？	为什么？	ウェイシェンマ
なぜならば	因为	インウェイ
夏	夏天	シアティエン
夏休み	暑假	シュージア
なつかしい	怀念	ホアイニエン
7	七	チー
なに？	什么？	シェンマ
ナベ	锅	グオ
生	生	ション
名前(フルネーム)	姓名	シンミン
波	波浪	ボーラン
なみだ	眼泪	イエンレイ
悩む	烦恼	ファンナオ
ならう	学	シュエ
ならず者	无赖	ウーライ
鳴る	响	シアン
慣れる	习惯	シーグアン
何個	几个	ジーガ
何時	什么时间	シェンマシージエン
何時間	几个小时	ジーガシアオシー
何種類	几种	ジーヂョン
何人	几个人	ジーガレン
何でも	都	ドウ
2	二	アール
2月	2月	アールユエ
にがい	苦	クー
にぎやかな	热闹	ルーナオ
肉	肉	ロウ
にくい	恨	ヘン
にげる	逃走	タオゾウ
にこやか	笑嘻嘻	シアオシーシー
西	西	シー
虹	彩虹	ツァイホン
ニセモノ	假货	ジアーフォ
日曜日	星期天	シンチーティエン
日記	日记	リージー
似ている	象	シアン
似ていない	不象	ブーシアン
日程	日程	リーチョン
にぶい	钝	ドゥン
日本	日本	リーベン
日本円	日元	リーユエン
日本語	日语	リーユィー
日本酒	日本酒	リーベンジウ
日本食	日本菜	リーベンツァイ
日本人	日本人	リーベンレン
荷物	行李	シンリー
入学	入学	ルーシュエ
入管(日本)	入国管理局	ルーグオグアンリージュー
入国	入境	ルージン
入場券	门票	メンピャオ
入場料	门票费	メンピャオフェイ
ニュース	消息	シアオシ
ニュース(報道)	新闻	シンウエン
尿	尿	ニャオ
煮る	煮	チュー
庭	花园	ホアユエン
ニワトリ	鸡	ジー
人気がある	受欢迎	ショウホアンイン
人気がない	不受欢迎	ブーショウホアンイン
人形	娃娃	ワーワ
人間	人	レン

妊娠	怀孕	ホアイユィン
人情に厚い	仁厚	レンホウ
人数	人数	レンシュー
抜く	拔	バー
脱ぐ	脱	トゥオ
盗む	偷	トウ
布	布	ブー
塗る	涂	トゥー
値打ちがある	有价值	ヨウジアーヂー
ネコ	猫	マオ
ネズミ	老鼠	ラオシュー
値段	价钱	ジアチエン
熱が出る	发烧	ファーシャオ
値引きする	减价	ジエンジア
ねむい	困	クン
寝る	睡觉	シュイジャオ
年金	养老金	ヤンラオジン
ネンザする	扭伤	ニウシャン
年収	年收入	ニエンショウルー
年齢	年龄	ニエンリン
脳	脑	ナオ
農業	农业	ノンイエ
農民	农民	ノンミン
能力	能力	ヌンリー
のこり	多余	ドゥオユィー
覗く	偷看	トウカン
望む	希望	シーワン
望み	愿望	ユエンワン
ノート	本子	ベンズ
のどが乾く	渴	クー
ののしる	骂	マー
登る	上	シャン
飲む	喝	ホー
飲み物	饮料	インリアオ
乗る(馬,自転車)	骑	チー
乗る(乗り物)	坐	ズオ

は 行

歯	牙齿	ヤーチー
葉	叶子	イエズ
バー	酒吧	ジウバー
ハードウェア	硬件	インジエン
肺	肺	フェイ
灰	灰	ホイ
はい(肯定)	是	シー
～倍	倍	ベイ
灰色	灰色	ホイスー
肺炎	肺炎	フェイイエン
ハイキング	郊游	ジアオヨウ
灰皿	烟灰缸	イエンホイガン
歯医者	牙医	ヤーイー
売春	卖淫	マイイン
売春婦	妓女	ジーニュー
配達する	投送	トウソン
俳優	演员	イエンユエン
入る	进去	ジンチュ
ハエ	苍蝇	ツァンイン
墓	坟墓	フェンムー
バカ	傻瓜	シャーグア
計る(長さ)	测定	ツーディン
計る(重量)	称	チョン
吐く	吐	トゥー
吐き気	恶心	ウーシン
履く	穿	チュアン
爆竹	鞭炮	ピエンパオ
爆発する	爆炸	パオヂャー
博物館	博物馆	ボーウーグアン
ハゲ	秃头	トゥートウ
バケツ	水桶	シュイトン
箱	箱子	シアンズ
はこぶ	搬	バン
はさむ	夹	ジア
端	角落	ジャオルオ
橋	桥	チアオ
箸	筷子	クアイズ
はじめる	开始	カイシー
はじめて	第一次	ディーイーツー
場所	地方	ディーファン
破傷風	破伤风	ポーシャンフォン
走る	跑	パオ
バス	公共汽车	ゴンゴンチーチョー
はずかしい	害羞	ハイシウ
はずす	取掉	チューディアオ
パスポート	护照	フーチャオ
パソコン	电脑	ディエンナオ
旗	旗	チー
バター	黄油	ホアンヨウ
はだか	裸体	ルオティー
畑	旱田	ハンティエン
はたらく	工作	ゴンズオ
はたらく(肉体労働)	干活	ガンフオ
8	八	バー
8月	8月	バーユエ
蜂	蜂	フォン

にん→はち

ハチミツ	蜂蜜	フォンミー
発音	发音	ファーイン
罰金	罚款	ファークアン
発見する	发现	ファーシェン
発行する	发行	ファーシン
発行控え	副本	フーベン
発車する	开	カイ
発展	发展	ファーチャン
発展途上国	发展中国家	ファーチャンチョングオジア
パーティー	宴会	イエンホイ
ハデな	艳	イエン
鼻	鼻子	ビーズ
鼻水	鼻涕	ビーティー
花	花	ホア
話す	说	シュオ
バナナ	香蕉	シャンジャオ
母	母亲	ムーチン
ハブラシ	牙刷	ヤーシュア
バーベキュー	烤肉	カオロウ
パーマ	烫发	タンファー
ハミガキ粉	牙膏	ヤーガオ
速い	快	クアイ
早い	早	ザオ
払う	付	フー
払い戻す	退款	トゥイクアン
はり紙	招贴	チャオティエ
春	春天	チュンティエン
貼る	贴	ティエ
晴れ	晴天	チンティエン
パワー	马力	マーリー
パン	面包	ミエンバオ
晩	晚上	ワンシャン
範囲	范围	ファンウェイ
繁栄	繁荣	ファンロン
ハンカチ	手帕	ショウパー
反感	反感	ファンガン
パンクする	爆胎	バオタイ
番号	号码	ハオマー
犯罪	犯罪	ファンズイ
ハンサム	帅	シュアイ
反対する	反对	ファンドゥイ
反対側	对面	ドゥイミエン
パンツ	内裤	ネイクー
パンティー	三角裤	サンジャオクー
半島	半岛	バンダオ
半月	半个月	バンガユエ
半年	半年	バンニエン
半日	半天	バンティエン
半人前	半人份儿	バンレンフェン
犯人	犯人	ファンレン
販売する	销售	シアオショウ
パンフレット	小册	シアオツー
半分	一半	イーバン
バン(ワゴン車)	面包车	ミエンバオチョー
火	火	フォ
ピアノ	钢琴	ガンチン
ピーク	高峰	ガオフォン
比較する	比较	ビージャオ
東	东	ドン
東アジア	东亚	ドンヤー
東ヨーロッパ	东欧	ドンオウ
光	光	グアン
ひき受ける	承担	チョンダン
引き出す	抽出	チョウチュー
引く	拉	ラー
低い	低	ディー
ピクニック	郊游	ジアオヨウ
ヒゲ	胡子	フーズ
ヒゲそり	刮胡子	グアフーズ
飛行機	飞机	フェイジー
非行少年	小流氓	シャオリウマン
ビザ	签证	チエンチョン
美術	美术	メイシュー
美術館	美术馆	メイシューグアン
秘書	秘书	ミーシュー
非常口	太平门	タイピンメン
左	左	ズオ
ひっこす	搬家	バンジア
ひっぱる	拉	ラー
必要とする	必要	ビーヤオ
ビデオデッキ	录像机	ルーシャンジー
ビデオテープ	录像带	ルーシャンダイ
ひどい	厉害	リーハイ
等しい	等于	ドンユイー
ひとりっ子	独生子女	ドゥーションズーニュー
一人で	自己	ズージー
ビニール	塑料	スーリャオ
避妊する	避孕	ビーユィン
避妊薬	避孕药	ビーユィンヤオ
日の出	日出	リーチュー
皮膚	皮肤	ピーフ
皮膚科	皮肤科	ピーフクー
ひま	有空	ヨウコン
秘密	秘密	ミーミー

百パーセント	百分之百	バイフェンヂーバイ
日焼け	晒黒	シャイヘイ
費用	费用	フェイヨン
美容院	美发厅	メイファーティン
病院	医院	イーユエン
病気	病	ピン
表現する	表现	ピアオシエン
標準	标准	ピアオジュン
比率	比率	ピーリュー
昼間	白天	バイティエン
昼休み	午休	ウーシウ
ビル	大厦	ダーシャー
ビール	啤酒	ピージウ
広い	大	ダー
広げる	扩大	クオダー
広場	广场	グアンチャン
ビン	瓶子	ピンズ
敏感な(政治)	敏感	ミンガン
ピンク	粉红	フェンホン
貧血	贫血	ピンシュエ
品質	质量	ヂーリャン
ピンチ	困境	クンジン
貧乏な	穷	チオン
ファックス	传真	チュアンチェン
ファッション	时装	シーヂュアン
フィリピン	菲律宾	フェイリュビン
フィルム	胶卷	ジャオジュエン
風刺	讽刺	フォンツー
夫婦	夫妇	フーフー
封筒	信封	シンフォン
笛	笛子	ディーズ
フェリー	轮渡	ルンドゥー
ふえる	增加	ズンジアー
フォーク(食器)	叉子	チャーズ
フォークソング	民歌	ミンガー
フォーマル	正式	ヂョンシー
部下	部下	ブーシア
深い	深	シェン
不可能	不可能	ブークヌン
服	衣服	イーフ
複雑	复杂	フーザー
腹痛	肚子疼	ドーズトン
ふくむ	包括	バオクオ
不景気	不景气	ブージンチー
不幸な	不幸	ブーシン
ふざけるな!	别开玩笑	ピエカイワンシャオ
ふさわしい	合适	ホーシー
無事	平安	ピンアン
不思議	不可思议	ブークースーイー
侮辱する	侮辱	ウールー
不親切	不亲切	ブーチンチエ
ふせぐ	防止	ファンヂー
武装警察	武警	ウージン
フタ	盖子	ガイズ
ブタ	猪	チュー
ブタ肉	猪肉	チューロウ
舞台	舞台	ウータイ
ふたたび	再	ザイ
普通	普通	プートン
物価	物价	ウージア
ぶつかる	撞	チュアン
二日酔い	酒还没醒	ジウハイメイシン
仏教	佛教	フォジャオ
不動産	房地产	ファンディーチャン
不得意	不拿手	ブーナーショウ
太い(形状)	粗	ツー
ふとった	肥胖的	フェイパンダ
船	轮船	ルンチュアン
船着き場	码头	マートウ
船便	海运	ハイウィン
船酔い	晕船	ウィンチュアン
不平等	不平等	ブーピンドン
部分	部分	ブーフェン
不便	不方便	ブーファンビエン
不法	非法	フェイファー
不法入国	非法入境	フェイファールージン
不法滞在	非法居留	フェイファージューリウ
不満	不满	ブーマン
不眠症	失眠症	シーミエンヂョン
ブーム	热	ルー
ふやす	增加	ズンジア
冬	冬天	ドンティエン
ブラシ	刷子	シュアズ
ブラジャー	胸罩	シオンチャオ
プラスチック	塑料	スーリアオ
フラッシュ	闪光	シャングアン
プラットホーム	站台	チャンタイ
プラン	方案	ファンアン
ぶらんこ	秋千	チウチエン
フランス	法国	ファーグオ
~が降る	下	シア
古い	旧	ジウ
ブルジョアジー	资产阶级	ズーチャンジエジー
ブルドーザー	推土机	トイトゥージー

ひゅ→ふる

ブレスレット	手镯	ショウヂュオ
プレゼント	礼物	リーウー
風呂	洗澡	シーザオ
フロント	前台	チエンタイ
雰囲気	气氛	チーフェン
文化	文化	ウェンホア
文化大革命	文化大革命	ウェンホアダーグーミン
文学	文学	ウェンシュエ
文語	文言	ウェンイエン
文章	文章	ウェンチャン
文法	语法	ユィファー
ヘアスタイル	发型	ファーシン
平均	平均	ピンジュン
平均的な	平均	ピンジュン
兵士	士兵	シービン
閉店する	关门	グアンメン
平和	和平	フーピン
ページ	页	イエ
へそ	肚脐	ドゥーチー
下手	差	チャー
ペット	宠物	チョンウー
ベッド	床	チュアン
ベトナム	越南	ユエナン
ヘビ	蛇	ショー
部屋	房间	ファンジエン
減る	减少	ジエンシャオ
ベルト	皮带	ピーダイ
ペン	笔	ピー
弁解	辩解	ビエンジエ
勉強する	学习	シュエシー
偏見	偏见	ピエンジエン
変更する	变更	ビエンゲン
弁護士	律师	リューシー
返事	回答	ホイダー
弁償する	赔偿	ペイチャン
変態	变态	ビエンタイ
べんとう	盒饭	ホーファン
ヘンな	奇怪的	チーグアイダ
便秘	便秘	ビエンミー
返品する	退货	トイフオ
便利	方便	ファンビエン
貿易	贸易	マオイー
方言	方言	ファンイエン
冒険	冒险	マオシエン
方向	方向	ファンシャン
坊さん	和尚	ホーシャン
防止	防止	ファンヂー

ぼうし	帽子	マオズ
放送	广播	グアンボー
報道	报道	バオダオ
方法	办法	バンファー
法律	法律	ファーリュー
ほかの	其他	チーター
牧師	牧师	ムーシー
ポケット	口袋	コウダイ
保険	保险	バオシエン
保険会社	保险公司	バオシエンコンスー
保護	保护	バオフー
ホコリ	灰尘	ホイチェン
誇り	自豪	ズーハオ
星	星	シン
欲しい	要	ヤオ
補償	补偿	ブーチャン
保証する	保证	バオチョン
保証金	保证金	バオチョンジン
保証書	保证书	バオチョンシュー
保証人	担保人	ダンバオレン
干す	晒	シャイ
ポスター	广告画	グアンガオホア
ポスト	信筒	シントン
細い	细	シー
発疹	皮疹	ピーチェン
ホテル	饭店	ファンディエン
ボート	小艇	シャオティン
歩道	人行道	レンシンダオ
ほとんど	几乎	ジーフー
ボーナス	奖金	ジャンジン
ほほ	颊	ジア
ほほえみ	微笑	ウェイシアオ
ほめる	夸	クア
ホラを吹く	吹牛	チュイニウ
ボール	球	チウ
掘る	挖掘	ワージュエ
ポルトガル	葡萄牙	ブータオヤー
ボールペン	圆珠笔	ユエンヂューピー
本	书	シュー
香港	香港	シャンガン
ほんとうに	真的	チェンダ
本人	本人	ベンレン
ほんもの	真品	チェンピン
本屋	书店	シューディエン
翻訳する	翻译	ファンイー

ま 行

毎(回、日など)	毎	メイ
前	前面	チエンミエン
前金	先付款	シエンフークアン
前払い	预付	ユィーフー
まがる	拐	グアイ
巻く	卷	ジュエン
マクドナルド	麦当劳	マイダンラオ
まくら	枕头	チェントウ
マグロ	金枪鱼	ジンチアンユィー
負ける	输	シュー
孫	孙子	スンズ
まじめ	认真	レンチェン
まずい(食物)	不好吃	ブーハオチー
まずい(事態)	不好	ブーハオ
まずしい	贫穷	ピンチオン
まだ〜ある	还有	ハイヨウ
まだ〜ない	还没有	ハイメイヨウ
待合室	等候室	ドンホウシー
待ち合わせ	约会	ユエホイ
まちがい	错	ツオ
待つ	等一会儿	ドンイーホァール
マッサージ	按摩	アンモー
まっすぐ	直	チー
祭り	节日	ジエリー
〜まで	到	ダオ
窓	窗	チュアン
まにあう	来得及	ライダジー
マニキュア	指甲油	チージアヨウ
マネる	模仿	モーファン
まもなく	一会儿	イーホァール
守る	遵守	ズンショウ
豆	豆	ドウ
麻薬	毒品	ドゥーピン
まゆげ	眉毛	メイマオ
迷う	迷	ミー
まるい	圆	ユエン
マルクス・レーニン主義	马列主义	マーリエデューイー
まるで〜	好像	ハオシャン
回す	转	チュアン
万一	万一	ワンイー
満員	客满	クーマン
マンガ	漫画	マンホア
満足する	满意	マンイー
まん中	中心	チョンシン
満腹	吃饱	チーバオ
見える	看见	カンジエン
見送る	送	ソン
みがく	磨	モー
右	右	ヨウ
未婚	未婚	ウェイフン
ミサイル	导弹	ダオダン
みじかい	短	ドゥアン
みじめ	惨	ツァン
水	水	シュイ
水色	天蓝色	ティエンランスー
湖	湖	フー
水着	游泳衣	ヨウヨンイー
店	商店	シャンディエン
(〜を)見せる	看	カン
見せて!	看一看	カンイカン
味噌	黄酱	ホアンジャン
道	路	ルー
みつける	找到	チャオダオ
見積り	估价	グージア
密輸する	走私	ゾウスー
みとめる	承认	チョンレン
緑色	绿色	リュースー
皆(みな)	大家	ダージャー
港	码头	マートウ
南	南	ナン
みにくい	难看	ナンカン
ミネラルウォーター	矿泉水	クアンチュエンシュイ
身分証明書	身份证	シェンフェンチョン
見本	样品	ヤンピン
耳	耳朵	アルドゥオ
脈拍	脉搏	マイボー
みやげ	礼物	リーウー
ミャンマー	缅甸	ミエンディエン
明晩	明晩	ミンワン
未来	未来	ウエイライ
魅力的	有魅力	ヨウメイリー
見る	看	カン
ミルク	牛奶	ニウナイ
民芸品	民间工艺品	ミンジエンコンイーピン
民主主義	民主主义	ミンデューチューイー
民族	民族	ミンズウ
民族音楽	民族音乐	ミンズウインユエ
民族舞踊	民族舞蹈	ミンズウウーダオ
むかえる	迎接	インジエ
むかし	以前	イーチエン
無効	无效	ウーシアオ
ムシ	虫子	チョンズ
ムシ刺され	被虫子咬	ベイチョンズヤオ
ムシ歯	虫牙	チョンヤー

まい→むし

無職	无职业	ウーヂーイエ
むずかしい	难	ナン
息子	儿子	アールズ
むすぶ	系	ジー
娘	女儿	ニューアール
ムダづかい	浪费	ランフェイ
夢中	入迷	ルーミー
胸	胸	シオン
村	村子	ツンズ
紫	紫	ズー
ムリな	无法办	ウーファーバン
無料	免费	ミエンフェイ
目	眼睛	イエンジン
名刺	名片	ミンピエン
名詞	名词	ミンツー
名所	名胜	ミンション
迷信	迷信	ミーシン
迷惑	麻烦	マーファン
メガネ	眼镜	イエンジン
目薬	点眼药	ディエンイエンヤオ
(…を)目指す	为目标	ウェイムーピアオ
メス	手术刀	ショウシューダオ
メス(動物)	雌	ツー
めずらしい	少见	シャオジエン
めったに～ない	很少	ヘンシャオ～
めでたい	可喜	クーシー
メートル	米	ミー
メニュー	菜单	ツァイダン
めまいがする	头晕	トウウィン
メールアドレス	电子邮箱	ディエンズヨウシアン
面(お面)	假面	ジアーミエン
綿	棉	ミエン
麺	面具	ミエンジュー
免税	免税	ミエンシュイ
免税店	免税店	ミエンシュイディエン
面積	面积	ミエンジー
めんどくさい	麻烦	マーファン
もう～した	已经 了	イージン～ラ
申し込み	申请	シェンチン
申し訳ない	抱歉	バオチエン
儲ける	赚钱	ヂュアンチエン
盲腸炎	盲肠炎	マンチャンイエン
毛布	毛毯	マオタン
燃える	烧	シャオ
目的	目的	ムーディー
目的地	目的地	ムーディーディー
目標	目标	ムーピアオ

木曜日	星期四	シンチースー
もし～ならば	如果	ルーグオ
文字	文字	ウエンズー
もしもし	喂	ウェイ
もち米	糯米	ヌオミー
持ち主	物主	ウーヂュー
もちろん	当然	ダンラン
もったいない	可惜	クーシー
持っている	有	ヨウ
持っていく	带去	ダイチュ
持ってくる	拿来	ナーライ
もてなす	招待	チャオダイ
物	东西	ドンシ
模様(図柄)	花样	ホアヤン
森	森林	センリン
もらう	收到	ショウダオ
門	门	メン
問題(problem)	问题	ウェンティー
問題ない(No problem)	没问题	メイウェンティー

や 行

やあ,こんにちは	哎,你好	エイ、ニーハオ
焼き増し	加印	ジアーイン
野球	棒球	バンチウ
約(およそ)	大约	ダーユエ
焼く(物を)	烧	シャオ
焼く(料理,かまどで)	烤	カオ
やくざ者	流氓	リウマン
約束	约定	ユエディン
役に立つ	有用	ヨウヨン
ヤケド	火伤	フオシャン
野菜	蔬菜	シューツァイ
優しい	温柔	ウエンロウ
易しい	容易	ロンイー
ヤシ	椰子	イエズ
安い	便宜	ピエンイー
安売り	减价出售	ジエンジアチューショウ
やすみ(休日)	假日	ジアリー
やすむ	休息	シウシ
やせた	瘦	ショウ
屋台	摊子	タンズ
家賃	房租费	ファンズーフェイ
薬局	药房	ヤオファン
やとう	雇佣	グーヨン
破る	打破	ダーポー
山	山	シャン
闇市	黑市	ヘイシー

やわらかい	软	ルアン
湯	热水	ルーシュイ
ゆううつ	伤感	シャンガン
遊園地	游乐园	ヨウルーユエン
有害	有害	ヨウハイ
夕暮れ	黄昏	ホアンフン
優勝	冠军	グアンジュン
友情	友情	ヨウチン
夕食	晚饭	ワンファン
郵送する	寄	ジー
郵便	邮件	ヨウジエン
郵便局	邮局	ヨウジュー
郵便番号	邮政编码	ヨウチョンビエンマー
郵便料金	寄邮费	ジーヨウフェイ
有名な	有名的	ヨウミンダ
有料	收费	ショウフェイ
床	地板	ディーバン
ゆかい	愉快	ユィークアイ
雪	雪	シュエ
輸出	出口	チューコウ
ゆたか	丰富	フォンフー
ゆっくり	慢	マン
ゆっくり話して!	慢点说	マンディエンシュオ
ゆったり	宽松	クアンソン
輸入	进口	ジンコウ
指	指	チー
指輪	戒指	ジエヂー
夢	梦	モン
夢を見る	做梦	ズオモン
ユーモア	幽默	ヨウモー
良い	好	ハオ
(酒に)酔う	醉	ズイ
用意する	准备	チュンベイ
用事がある	有事	ヨウシー
用心する	小心	シャオシン
ようす	样子	ヤンズ
余暇	业余时间	イエユィーシージエン
預金	存款	ツンクアン
よく	经常	ジンチャン
横	横	ホン
横になる	躺	タン
予想	预想	ユィーシアン
予報	预报	ユィーバオ
予防	预防	ユィーファン
欲	欲望	ユィーワン
よごれる	脏	ザン
予算	预算	ユィースアン
酔っ払い	醉鬼	ズイグイ
予定	预定	ユィーディン
よぶ	叫	ジャオ
読む	看	カン
嫁	媳妇	シーフー
予約	预订	ユィーディン
夜	晚上	ワンシャン
よろこぶ	高兴	ガオシン
ヨーロッパ	欧洲	オウヂョウ
よわい	弱	ルオ
4	四	スー

ら 行

来月	下个月	シアガユエ
ライター	打火机	ダーフオジー
来年	明年	ミンニエン
ライバル	对手	ドゥイショウ
楽	轻松	チンソン
ラジオ	收音机	ショウインジー
裸体	裸体	ルオティー
理解する	理解	リージエ
陸	陆地	ルーディー
離婚	离婚	リーフン
理想	理想	リーシアン
立派	卓越	チュオユエ
理由	理由	リーヨウ
留学	留学	リウシュエ
留学生	留学生	リウシュエシャン
流行	流行	リウシン
量	量	リャン
寮	宿舍	スーショー
両替する	兑换	ドゥイホアン
料金	费用	フェイヨン
領事館	领事馆	リンシーグアン
領収書	收据	ショウジュー
領土	领土	リントゥー
両方	双方	シュアンファン
料理	菜	ツァイ
～料理	菜	ツァイ
料理する	做菜	ズオツァイ
旅券番号	护照号码	フーチャオハオマー
旅行	旅行	リューシン
旅行代理店	旅行社	リューシンショー
旅費	路费	ルーフェイ
離陸	起飞	チーフェイ
リンゴ	苹果	ピングオ
臨時	临时	リンシー

日本語	中国語	カナ
留守	不在	ブーザイ
ルームメイト	同屋	トンウー
例	例子	リーズ
冷蔵庫	冰箱	ピンシャン
冷房	冷气	ルンチー
歴史	历史	リーシー
レストラン	餐厅	ツァンティン
列車	火车	フオチョー
レート	行情	ハンチン
列	排队	パイドゥイ
練習する	练习	リエンシー
レンタカー	租车	ズーチョー
レントゲン	X光	エクスグアン
連絡する	联系	リエンシー
老眼	老花眼	ラオホアイエン
老人	老人	ラオレン
ロウソク	蜡烛	ラーヂュー
労働者	工人	ゴンレン
6	六	リウ
6月	6月	リウユエ
録音する	录音	ルーイン
ロシア	俄罗斯	ウールオスー
ロック	摇滚乐	ヤオグンユエ
ロビー	大厅	ダーティン
ローラースケート	旱冰	ハンピン

わ 行

輪	圏	チュエン
わいせつな	色情	スーチン
わいろ	贿赂	ホイルー
ワイン	葡萄酒	プータオジウ
赤ワイン	红葡萄酒	ホンプータオジウ
白ワイン	白葡萄酒	パイプータオジウ
若い	年轻	ニエンチン
若者	年轻人	ニエンチンレン
沸かす	煮开	チューカイ
わがまま	任性	レンシン
わかる	懂	ドン
わかりにくい	难懂	ナンドン
わかれる	分手	フェンショウ
わける	分开	フェン
輪ゴム	橡皮圏	シアンピーチュエン
わざと	故意	グーイー
わざわざ～する	特意	トーイー
わずらわしい	麻烦	マーファン
忘れる	忘记	ワンジー
私	我	ウォー
私たち	我们	ウォーメン
私の	我的	ウォーダ
わたす	交	ジャオ
わたる	过	グオ
ワニ	鳄鱼	ウーユィー
わらう	笑	シャオ
割引き	折扣	ヂョーコウ
割る(切って分ける)	切	チエ
割る(分ける)	分	フェン
悪い	坏	ホアイ
悪者	坏人	ホアイレン
湾	湾	ワン

第4部

日本語→上海語 単語集

"第4部"では、超厳選の「上海語」を収録しています。
旅行者にとって必要度の高い言葉を選びました。
（下段に標準語を併記してあります）

日本語 → 上海語

日本語	中国語	読み
私	我	ング
	我	ウォー
私の	阿拉	アラ
	我的	ウォーダ
私は〜です	阿拉	アラ〜
	我是〜	ウォーシー〜
あなた	侬	ノン
	你	ニー
彼	伊	イー
	他	ター
彼女	伊	イー
	她	ター
誰	啥人	サニン
	谁	シェイ
若い女性	小姐	ショジー
	小姐	シャオジエ
既婚年齢の女性	阿姨	アイ
	阿姨	アーイー
男性	先生	シーサン
	先生	シエンション
こんにちは	侬好	ノンホウ
	你好	ニーハオ
ありがとう	谢谢	シャヤ
	谢谢	シエシエ
ごめんなさい	对勿起	デーヴァッチー
	对不起	ドゥイプチー
どういたしまして	啥地方啥地方	サディファンサディファン
	那里那里	ナーリーナーリー
(この位)何でもありません	呒没啥	ンーマッサ
	没什么	メイシェンマ
恐れ入ります	勿敢当	ヴァックィーダン
	不敢当	ブーガンダン
さようなら	再会	ツェーウェー
	再见	ツァイチェン
上海	上海	サンヘ
	上海	シャンハイ
中国	中国	ゾンコッ
	中国	チョングオ
日本	日本	サッパン
	日本	リーベン
北京	北京	ポッチン
	北京	ペイジン
四川	四川	スツゥイ
	四川	スーチュアン
南京	南京	ヌゥイジン
	南京	ナンジン
ここ	格搭	ガッタッ
	这里	ヂョーリー
あそこ	伊面	イミ
	那里	ナーリー
どこ	啥地方	サディファン
	哪里	ナーリー
バス	公共汽车	クングンチーツゥ
	公共汽车	ゴンゴンチーチョー
タクシー	出租汽车	ツァッツーチーツゥ
	出租汽车	チューズーチーチョー
自転車	脚踏车	ジャタズゥ
	自行车	ズーシンチョー
飛行機	飞机	フィジ
	飞机	フェイジー
〜はどこですか?	勒勒啥地方?	〜ララサディファン
〜在那里?		〜ザイナーリー
食べる	吃	チェツ
	吃	チー
飲む	吃	チェツ
	喝	ホー
ご飯を食べる	吃饭	チェヴェー
	吃饭	チーファン
お茶を飲む	吃茶	チェズゥ
	喝茶	ホーチャー
お酒を飲む	吃酒	チェチュ
	喝酒	ホージウ
甘い	甜	ディ
	甜	ティエン
酸っぱい	酸	スゥイ
	酸	スアン
苦い	苦	ク
	苦	クー
辛い	辣	ラッ
	辣	ラー
塩辛い	咸	エー
	咸	シエン
渋い	涩	サッ
	涩	スー
料理	菜	ツェ
	菜	ツァイ
上海料理	本帮菜	ベンバンツェ
	本帮菜	ベンバンツァイ
北京料理	北京菜	ポッチンツェ
	北京菜	ベイジンツァイ
広東料理	广东菜	グアンドンツェ
	广东菜	グアンドンツァイ

日本語	上海語	発音
四川料理	四川菜	スツゥイツェ
	四川菜	スーチュアンツァイ
～が食べたい	我想吃～	ングシアンチェッ～
	我想吃～	ウォーシャンチー～
良い	好	ホー
	好	ハオ
悪い	勿好	ヴァホー
	不好	ブハオ
暖かい	暖熱	ヌィニエッ
	暖和	ヌアンホー
暑い	熱	ニエッ
	熱	ルー
蒸し暑い	闷熱	メーニエッ
	闷熱	メンルー
涼しい	风凉	フンリャン
	凉	リャン
寒い	冷	ラン
	冷	ルン
疲れる	吃累	チェリエッ
	累	レイ
大きい	大格	ドゥガッ
	大	ダー
小さい	小格	ショーガッ
	小	シャオ
長い	长格	ザンガッ
	长	チャン
短い	短格	ドゥーガッ
	短	ドゥアン
広い	宽格	クゥイガッ
	宽	クアン
狭い	狭格	アッガッ
	窄	チャイ
高い(高さ)	高格	コーガッ
	高	ガオ
低い	矮格	アーガッ
	矮	アイ
高い(値段)	贵	チュー
	贵	グイ
安い	便宜	ピンギ
	便宜	ピエンイー
ちょうどいい	正好	ズンホ
	正好	チョンハオ
とても～です	蛮～	メ～
	很～	ヘン～
少しも～ない	一眼阿勿～	インゲアーヴァッ～
	一点也不～	イーディエンイエブー～

日本語	上海語	発音
飛行場	飞机场	フィージーザン
	飞机场	フェイジーチャン
ホテル	饭店	ヴェディ
	饭店	ファンディエン
～にはどうやって到～	那能走到～怎么走	ド～ナヌンズゥダオ～ゼンマゾウ
行きますか?		
痛い	痛	トゥン
	疼	トン
頭痛	头痛	ドウトゥン
	头疼	トウトン
腹痛	肚皮痛	ドゥーピトゥン
	肚子疼	ドゥーズトン
下痢	肚皮射	ドゥーピザ
	腹泻	フーシエ
吐き気	呕吐	オゥトゥ
	呕吐	オウトゥー
発熱	寒热	ウィニエッ
	发烧	ファーシャオ
気分が悪い	勿适意	ヴァッサツィー
	不舒服	ブーシューフ
病院へ連れて	带我到医院去	タァングトォイーユチ
いってください	带我到医院去	ダイウォーダオイーユエンチュー
買い物	买物事	ママズ
	买东西	マイドンシ
有る	有	ユウ
	有	ヨウ
ない	呒没	ンマッ
	没有	メイヨウ
いくら?	几钿?	ジディ
	多少钱?	ドゥオシャオチエン
～を下さい	拔我～	パッング～
	给我～	ゲイウォー～
～元	～块	～クエッ
	～块	～クアイ
～角	～角	～コッ
	～毛	～マオ
上海語でどう	上海话那能讲?	サンヘーウーナヌンガン
言いますか?	上海话怎么说?	シャンハイホアゼンマシュオ

固有名詞

日本語	上海語	発音
新錦江大酒店	新锦江	シンジンガン
		シンジンジャン
錦江飯店	老锦江	ロージンガン
		ラオジンジャン
和平飯店	和平饭店	ウーピンヴェディ
		ホーピンファンディエン

日本語→上海語

日本語	上海語	発音(上海語) / 発音(普通話)
国際飯店	国际饭店	コッチィヴェディ / グオジーファンディエン
瑞金賓館	瑞金宾馆	セージンビンクィ / ルイジンビングアン
豫園	豫园	ユユ / ュィーユエン
人民公園	人民公园	ズンミンクンユ / レンミンゴンユエン
上海博物館	上海博物馆	サンヘポッワックィ / シャンハイボーウーグアン
魯迅記念館	鲁迅纪念馆	ルシンチニクィ / ルーシュンジーニエングアン
東方明珠	东方明珠	ドンファンミンチュ / ドンファンミンデュー
上海体育館	上海体育馆	サンヘティーヨックイ / シャンハイティーユィーグアン
新天地	新天地	シンティーディ / シンティエンディー
静安寺	静安寺	ジンウィズ / ジンアンスー
提籃橋	提蓝桥	ディーレジョー / ティーランチャオ
南京路	南京路	ヌゥイジンル / ナンジンルー
淮海路	淮海路	ワーヘール / ホアイハイルー
四川路	四川路	スツゥイル / スーチュアンルー
西蔵路	西藏路	シーゾンル / シーザンルー
延安路	延安路	イーウィル / イエンアンルー
バンド	外滩	ンガテ / ワイタン
衡山路	衡山路	エンセーロ / ハンシャンルー
徐家匯	徐家汇	シガウェイ / シュージャーホイ

あとがき

　南京路に国際飯店という1933年に建てられたホテルがあります。租界の頃はパークホテルと呼ばれ、60年代半ばまで、東洋一の高さを誇る建築物でした。今は見る影もなく改装されてしまいましたが、私が上海の土を初めて踏んだ当時は、猫足のバスタブが30年代のまま残り、ロビーの大理石とアール・デコの内装と共に、オールド上海の雰囲気が濃厚に漂うホテルだったのです。
　というのはここではどーでもいいことで、ここのレストランの北京ダックは安くてしかもおいしくて、2人で半羽注文すれば、あとは前菜1品と鴨骨湯（皮と肉を取ったあとのダックの骨で取ったスープ）で腹いっぱい食べられるので、学生生活の中でささやかな贅沢をしたい時に、日本人の友人と連れ立ってよく行ったものでした。ダックを巻く皮（荷葉餅）を多めに注文し、「皮1枚にダック4枚までだからねっ！」と牽制して食べ初めても、最後には「オイ、誰か食べちまえよ……。もう見たくもねーよ……」と息も絶え絶えになるくらい、北京ダックをむさぼる贅沢を満喫したものでした。
　しかし、ここには大きな関門がありました。このホテルの従業員の態度は、サービス不在の国営ホテルの中でも1、2を争うヒドさだったのです。注文をしようとしても無視するし、オーダーを聞いてるんだか聞いてないんだかわかんない態度だし、まるでエサを与えるが如く皿を放り投げるし……。いちいち挙げればきりがないし、思い出すだに腹が立つんですが、この不愉快さを打ち消すほど、どうしようもなく北京ダックが食べたくなる瞬間が年4回は来るんですな、これが。
　そこで友人と私が出した対策は、「じゃんけんに負けたほうがケンカをする」でした。オーダーの時も食べている最中も、怒りは全て目前の北京ダックと共に腹に収めます。そして、支払いの時に勝負開始！　目の前にお会計をぞんざいに放り投げる従業員に向かって、こう言い放ちます。
「ダックは大変おいしかった。私たちは非常に満足している。しかしおまえのその態度は何だ？　その態度で何がサービス料だ？　（ホテルの場合、おおむね10％のサービス料がつく）そんなもんに私たちはカネを払う意志はない。よって、次の3つから選べ。ひと〜つ、おまえが『ごめんなさい』と謝る。ふた〜つ、マネージャーを呼んできて『ごめんなさい』と謝らせる、み〜っつ、サービス料はチャラにする。さーどうだ！」
　対応はその時々でまちまちでしたが、ほとんどの場合は3つ目でしたね。1つ目は確か1回もなかったんじゃないでしょうか。それほど働く人に「サービスの概念」がなく、ごめんなさいを言うことが「とんでもない屈辱」で、「ボッタクれるところからはボッタクるが、そのさじ加減はケースバイケース」だったのでした。ほんの10数年前までは。
「中国人はとにかく謝らない」とよく言います。すっかり上海に慣れた私にしてみれば、「日本人って何でのべつまくなしに謝ってるんだ？」と思うのですが、

最近の上海を見ていると、日本には及ばないものの、結構謝ってます。
　—申し訳ありません。こちらの品物は売り切れになりました。
　—申し訳ありません。満席です。今度いらっしゃる時は予約してくださいね。
　—今、係のものがおりません。申し訳ありませんが明日いらしてください。
　………いや、最初からそう言ってくれればカドが立たんのよ。ホント。
　しかし、「ここで引いたら負け！」という、自分のメンツを賭けた場面では、持ち前の「あやまらないぞ精神」を存分に発揮し、よほどのことでなければ謝罪を口にしません。つまり、今の上海人は、謝っておけば後々得だという「謝罪のケースバイケース」を会得したということです。「謝っておけばとりあえず場が丸くおさまるからやっとけ」的な日本人よりも、よほど謝罪の意味と重みを理解していると思うのは、私だけでしょうか？
　たかが10数年の間に人の心情をここまで変えてしまったほど、上海の変化は劇的で、その渦の中で一番輝いている部分がクローズアップされて、日本に伝えられています。でも、知れば知るほど奥深くて、知れば知るほど深みにハマる街。何より日本から近くて気軽に行けるのが魅力です。だからこそ、指さし会話帳初の都市版としてこの本が出版されることになったんだと思います。情報の鮮度重視の雑誌とは違い、数年経っても腐らない内容を目指すことは、めまぐるしく変化する上海において一番神経を使うことでした。3年後、この本が「全く使えない本」になっていないことを切に願ってます。
　最初、この本のお話をいただいた時、あまりのタイトなスケジュールに思わず尻に帆かけて逃げ出したくなった私ですが、一方で上手に持ち上げつつ、一方で常にムチをくれ続けてくださった編集の鐘ヶ江さんにはホントに感謝致します。この人の褒め上手にはついに最後まで騙され続けましたが、書き手として最高のパートナーにめぐりあえて、幸せでした。また、上海バカの私の「そんなのどーでもエエがな」的な細かい要求にも関わらず、感性溢れるステキなイラストを描き上げて下さったおおのさんにも感謝です。香港だけでなく、今後は上海にもズッポシハマってくださいね。それからそれから、寝る時間もなくなるスケジュールで身動きの取れない私のために、はるばる東京の西のはじから原稿と書類と資料で足の踏み場もない東京の南端の拙宅にまで出向き、そのちらかり具合にぼう然としながら、淡々と打ち合わせを消化し、素早く作業を進めてくれた榎本さん、1年以上も連絡を取っていないにも関わらず、突然「ネイティブチェックお願い！」と電話をした私に呆れもせず快諾してくれた徐さん、ホントにホントにありがとうございました。最後になりましたが、この本をお買い上げいただいた読者のみなさま、ありがとうございます。上海は好みの分かれる街ですが、この本があなたを上海好きにするきっかけになってくれれば、何も言うことはありません。

　　　　　進行終わっても相変わらずごみ溜めのままの自宅にて　広岡　今日子

著者◎広岡今日子（ひろおか・きょうこ）

「上海に行くと体調が良くなって、ご飯がおいしくなる」と語る彼女は、15年前、上海での2年半の留学を皮切りに、計5半年を中国で過ごした。もともと古いものが好きで、戦前の生活様式、文化がそのまま残っていた上海にたちまちのめり込んだ。以来収集したアンティークの中国服、日本企業のポスターのコレクションは、おそらく日本で唯一のもの。その一部はホームページ上で公開されている。買い集める品々の中には「漢方薬で作ったバルサン」といった地元ならではの物も多数。「重箱の隅をつつく目線」(本人談)から上海を楽しみ、見つめてきた彼女のこだわりが、本書にはちりばめられている。現在、フリーの編集者およびライターとして活動するかたわら、通訳、コーディネーターもこなす。東京都出身。著書に『上海＆北京－長期滞在者のための現地情報　ホリデーワールド』(共著・三修社刊)がある。

著者ホームページ「大上海糖果號」
http://users.ejnet.ne.jp/~tangguohao/

イラスト	おおのきよみ	
	http://www.asiancafe.org/	
助っ人	榎本雄二	
ネイティブチェック	徐榮斌	
ブックデザイン	佐伯通昭	
	http://www.knickknack.jp/	
編集補助	小石川ユミ	
	http://www.h2.dion.ne.jp/~koishi/	
企画協力	(株)EJカナダカレッジ	
	http://www.ejcanadacollege.com/	

ここ以外のどこかへ！
旅の指さし会話帳㊲上海
2002年11月6日　第1刷
2006年　4月29日　第10刷

著者
広岡今日子

発行者
関　裕志

発行所
エビデンスコーポレーション
株式会社情報センター出版局
東京都新宿区四谷2-1 四谷ビル　〒160-0004
電話03-3358-0231
振替00140-4-46236　URL:http://www.ejbox.com
E-mail:yubisashi@4jc.co.jp

印刷
萩原印刷株式会社

©2002 Kyoko Hirooka
ISBN4-7958-2233-6
落丁本・乱丁本はお取替えいたします。

※「旅の指さし会話帳」は、(株)情報センター出版局の登録商標です。

比比划划旅游会话手册
目 录

机场→饭店	⑧	㊻ 饮料·甜点
问 候	⑩	㊽ 食 品
招 呼	⑫	㊿ 青年文化
自我介绍	⑭	52 传统文化
逛 街	⑯	54 日本文化
交通工具	⑱	56 经济·业务会话
去郊外	⑳	58 家族·朋友
上 海	22	60 家
苏州及水乡	24	62 人的性格
时间与钟表	26	64 生病·身体
月日与年月	28	66 医院·内脏
一年与天气	30	68 中 医
数字与钱	32	70 出 事
买东西	34	72 日用品
在市场	36	74 十二生肖·动物
衣服和颜色	38	76 动词·疑问词·其他
吃 饭	40	78 形容词
代表菜·家常菜	42	80 问地址
酒	44	